Alberto Bravo   Pepita Marín

we are knitters

Tricoter comme
aux quatre coins du monde

Sommaire

Introduction

Voilà plus de dix ans que nous avons découvert
le courant du DIY. Nous n'étions alors ni tricoteurs,
ni crocheteurs, ni spécialement habiles de nos
mains, mais on peut dire que nous le sommes
devenus. C'est l'un des aspects des travaux
manuels que nous adorons : même sans avoir
de capacités innées, n'importe qui peut les acquérir.
En pratiquant, on ne peut que s'améliorer.
Et la bonne nouvelle, c'est qu'il n'est jamais trop tard
pour commencer à apprendre ! Peu importe que
vous soyez étudiant.e, en activité ou à la retraite :
il n'y a aucune condition d'âge pour créer.

we are knitters

Quand on acquiert une nouvelle compétence, comme le tricot ou le crochet, il est important de garder à l'esprit que c'est un processus sans fin. *Attention !* Cela ne veut pas dire que vous ne finirez *jamais* un projet (bien que parfois, vous en aurez tellement en cours que c'est peut-être l'impression que vous aurez) ; simplement, il y aura toujours de nouvelles techniques, de nouveaux points et modèles, de nouvelles façons de faire la même chose. Toujours. Même les créateurs les plus chevronnés continuent d'apprendre. Alors on s'assoit et on se détend – un verre de vin ? S'il y a bien une chose qui nous rassemble tous, c'est l'amour du vin (principalement rouge ou rosé, nous concernant). Oh, et aussi on adore les animaux (surtout les chatons et les chiots – et les moutons !)... Bref, comme nous le disions, ce loisir recquiert temps et patience.

Certains d'entre vous suivent peut-être l'aventure we are knitters depuis longtemps, tandis que d'autres nous rejoignent à peine. Peu importe : tout ce qui est dans ce livre est pour vous, depuis les tout premiers gestes à connaître, expliqués clairement, jusqu'aux techniques plus avancées et complexes. Nous sommes prêts à vous apprendre les points et petites astuces basiques, puis à vous accompagner au niveau suivant. Et puis, si vous aimez créer, vous avez le goût du challenge, pas vrai ?

Qui dit livre de tricot dit sélection de modèles. En composant cet ouvrage, nous avons eu bien du mal à décider quels patrons nous devions y présenter. Il fallait impérativement des classiques WAK (comme le snood Downtown, le cardigan Martina et l'écharpe Bryant), mais nous voulions aussi proposer de nouveaux modèles (l'écharpe Encina, le headband Olmo ou le coussin Pino, par exemple), le tout – pour corser un peu les choses — dans différents styles, niveaux de difficulté et adapté aux goûts de chacun. Nous sommes finalement parvenus à ce qui nous semble être l'équilibre parfait : du nouveau, de l'ancien, le tout choisi spécialement pour vous ! Nous espérons vraiment que cette sélection vous plaira autant qu'à nous.

Une fois notre choix fait, nous sommes partis sur les routes. Chaque pièce a été photographiée dans une ville différente, en Amérique, en Europe ou en Afrique. Tous ces endroits sont chers à nos cœurs, pour une raison ou une autre, et nous nous sommes indéniablement régalés à voyager vers toutes ces villes incroyables ! À tel point que nous avons aussi inclus dans ce livre des informations sur la météo locale, ce que nous aimons manger sur place, et, *évidemment*, nos endroits préférés pour tricoter ! Grâce à ces trois éléments essentiels, vous serez fin

prêt.e pour voyager vers une de ces destinations (bon, OK, peut-être que vous serez *presque* prêt.e...).

Alors, que vous préfériez tricoter à la maison ou que vous soyez du genre à filer sur les chemins, doté.e de votre passeport et d'une carte routière, ce livre est fait pour vous. Le moment est maintenant venu d'attraper vos aiguilles et votre plus bel écheveau de laine, et de tirer le meilleur que vous pourrez de toute cette *#knitspiration**. Amusez-vous bien !

* mot formé à partir de l'anglais *knit*, tricot, et inspiration (NdT).

Avant-propos

Comme pour tous nos modèles, chacun des projets présentés ici a son propre style et mentionne le niveau de difficulté associé. Que vous soyez novice ou que vous soyez capable de tricoter en cercles autour de votre propre grand-mère, vous trouverez forcément votre bonheur dans ces pages (et nous sommes persuadés qu'une fois que vous aurez achevé votre lecture, tout sera à votre portée).

Les styles

Pour créer de nouvelles pièces, nous partons en général de ce que nous voyons dans la rue, mais aussi de magazines de mode, blogs, Pinterest et Instagram. Penser à toutes ces pièces que nous rêvons de réaliser tout en sachant que nous n'en aurons pas le temps relève du plaisir coupable. Vous voyez sans doute ce que nous voulons dire...

Nos modèles sont surtout créés pour des femmes, mais certains d'entre eux sont mixtes. Nous adorons aussi créer des patrons pour la décoration d'intérieur et, bien sûr, pour les bébés et les enfants. L'avantage, c'est qu'avec une paire d'aiguilles ou un crochet, du fil et une once de créativité, on peut faire à peu près n'importe quoi. Les possibilités sont infinies !

Les pièces de ce livre ont été choisies pour leur style. Nous espérons qu'elles vous apprendront beaucoup et vous inspireront pour vos réalisations futures.

Les niveaux

C'est la première fois que vous tenez des aiguilles à tricoter entre vos mains ? Pas de panique ! Ce qui est super avec le tricot, c'est que vous allez voir des résultats dès le tout début. Le secret : détendez-vous, inspirez, expirez, et soyez patient.e. Rappelez-vous que tous les tricoteurs sont partis de zéro. Il faudrait que vous puissiez voir la toute première collection que nous avons lancée. Beurk ! Des patrons hyper-simples, principalement à base de carrés... Et pourtant, nous étions tellement fiers d'être capables de les réaliser ! Quel souvenir...

Mais avec le temps et la pratique, on ne peut que s'améliorer. C'est ainsi que, peu à peu, nous avons créé des modèles et des styles plus élaborés, qui pouvaient convenir même aux tricoteurs les plus expérimentés. Grâce à ce cheminement, nous proposons aujourd'hui 4 niveaux de difficulté : débutant, facile, intermédiaire et avancé.

we are knitters

DÉBUTANT

Des formes simples et des points de base. Si vous n'avez jamais manié une paire d'aiguilles, c'est avec ce niveau que vous devez commencer : ces patrons sont ce qu'il vous faut !

Nous recommandons aux débutants de tricoter des *snoods*, écharpes et bonnets assez simples.

Pour ces modèles, le plus souvent vous utiliserez le point mousse, le point jersey et le point de côtes.

FACILE

La catégorie des plus populaires de nos patrons, qui font aussi des défis motivants pour les débutants !

Au niveau facile, vous tricoterez *snoods*, écharpes, bonnets, pulls simples (sans augmentations ni réductions – voir plus loin), et couvertures.

En plus de ceux du niveau précédent, points de riz, de blé, et combinaisons de mailles endroit et envers sont au programme. Les possibilités sont quasi infinies !

INTERMÉDIAIRE

Lorsqu'on atteint le niveau intermédiaire, on peut tricoter des vêtements très sophistiqués (nous adorons toujours autant recourir à cet adjectif pour qualifier le tricot !).

Parmi les points de ces modèles, on compte le point de vannerie, les torsades, les mailles torses, le point de riz bicolore, le jacquard simple, des points de dentelle simples, les noppes et les boucles.

AVANCÉ

Au niveau avancé, plus rien ne vous arrête ! Vous êtes ce qu'on appelle un.e *pro*, et à ce stade, il y a fort à parier que vous êtes aussi capable de créer vos propres modèles.

Les points que vous retrouverez au niveau avancé comprennent des points de dentelle plus complexes et du jacquard plus corsé.

Mini-précis de tricot

Que vaut la créativité sans le matériel adapté ? Plus important encore : que vaut la créativité sans les connaissances et techniques de base que vous êtes sur le point de mobiliser ? Vous avez deviné : rien. Dans ce chapitre, nous vous parlons du matériel que nous aimons utiliser pour tricoter ou crocheter — nos laines préférées, les soins qu'elles nécessitent et les aiguilles dont vous aurez besoin —, mais aussi des savoirs et techniques de base du tricot, et des différents effets que vous pouvez obtenir. Génial, non ? Oui, c'est aussi notre avis !

Le fil

Chez WAK, nous privilégions toujours le naturel, et nous avons à cœur de rendre le monde plus vert. Comment ? C'est simple : notre laine est à 100 % issue de moutons et alpagas, sans la moindre trace d'acrylique. En tant que fibre synthétique, cette dernière est sans doute l'un des pires ennemis cachés de l'environment. Selon une étude de l'université de Plymouth (GB) menée pendant un an, les fibres acryliques relâcheraient 730 000 minuscules particules synthétiques à chaque lavage. Et où se retrouvent-elles ? Vous avez deviné : dans les océans. On ne peut ni les voir ni les sentir, mais les rivages du monde entier sont couverts de ces microfibres, principalement issues de l'acrylique et du Nylon... ce qui n'est bon ni pour les océans, ni pour la planète, ni pour nous.

WAK s'engage à faire sa part pour changer les habitudes qui impactent négativement notre monde, et pour vous aider à faire de même.

100 % laine péruvienne et coton Pima

Notre laine provient des Andes, en Amérique du Sud. Elle est issue de moutons (corriedale et mérinos, pour être précis) élevés à 2 000 m d'altitude. Les alpagas, eux, vivent un peu plus haut, jusqu'à 4 300 m au-dessus du niveau de la mer.

Nous utilisons aussi du coton Pima. Avec le coton égyptien, il s'agit du plus réputé du monde. Originaire du Pérou, ce type de coton est plus soyeux et plus résistant que les autres. Pourquoi ? Parce que ses fibres sont 50 % plus longues que celles des autres cotons. De nos jours, il n'est plus cultivé qu'au

Pérou, en Australie et aux États-Unis.
Pour vous donner une idée
de la production : seulement 3 %
du coton cultivé aux États-Unis est
du Pima. C'est une des raisons qui
le rend si précieux et unique.

Des animaux heureux

Quand nous avons commencé
à chercher des fournisseurs de laine,
nous n'avions que deux impératifs :
la laine devait être d'une qualité
irréprochable et être produite
éthiquement. Chacun sait que la laine
péruvienne est l'une des meilleures
du monde. Mais que sait-on des

conditions de vie des animaux ? Et des producteurs ? Notre visite de leurs fermes et installations dans les montagnes du Pérou a été une véritable révélation : réaliser que notre travail allait aider et influencer toutes ces communautés locales qui vivaient de l'élevage des moutons et alpagas reste un des moments de notre vie où nous avons ressenti le plus de fierté.

Dans les Andes péruviennes, nos moutons et alpagas vivent dans des conditions optimales, en pleine nature, ce qui se ressent directement sur la qualité de la laine.

Parfois, ces animaux et leurs éleveurs vivent à une altitude telle que leurs conditions de vie sont assez rudes. Il fait froid la plupart du temps et l'air est très pauvre en oxygène (nous nous sommes rendus dans leur secteur plusieurs fois au fil des ans, et nous pouvons témoigner de la sensation de fatigue quasi permanente et d'un léger mal de crâne en continu). Bien souvent, chaque famille possède plusieurs troupeaux et, sans surprise, ce sont les femmes qui s'occupent des animaux. Ces femmes incroyables, fortes et qui travaillent d'arrache-pied sont appelées *pastoras* ou *alpaqueñas*.

Les animaux de cette région vivent jusqu'à douze ans, bien que leur laine ne soit exploitée que pendant les huit premières années. Les alpagas n'ont qu'un petit par an et ne sont tondus qu'une fois par saison, ce qui fait de leur laine un matériau précieux.

Il existe différentes races de moutons (mérinos, corriedale, leicester et hampshire, pour n'en citer que quelques-unes), mais toutes ne sont tondues qu'une fois par an, souvent au printemps. La tonte des moutons et alpagas fait partie des soins qui les maintiennent en bonne santé. Sans cela, le poids de leur laine pourrait abîmer leurs pattes – un seul mouton produit entre trois et cinq kilos de laine chaque année. Vous vous imaginez porter ce poids sur votre dos en permanence ? Jour et nuit ? Nous non plus.

La fabrication du fil

Voici comment nous obtenons notre fil 100 % laine.

1.
LA TONTE DES ANIMAUX
À la fin de l'hiver, les moutons et alpagas n'ont plus besoin de protection naturelle. Au printemps, les tondeurs les débarrassent donc de leur laine, et les animaux tolèrent mieux la chaleur de l'été ; pas d'inquiétude, tout cela se passe dans de bonnes conditions et ils ne souffrent jamais. Une partie de notre équipe s'est rendue sur place pour s'assurer que tout était fait correctement et en accord avec notre exigeant cahier des charges.

2.
LE LAVAGE DE LA LAINE
Une fois coupée, la laine est lavée à l'eau chaude dans une solution désinfectante afin de la débarrasser de toute trace de saleté et de ses impuretés.

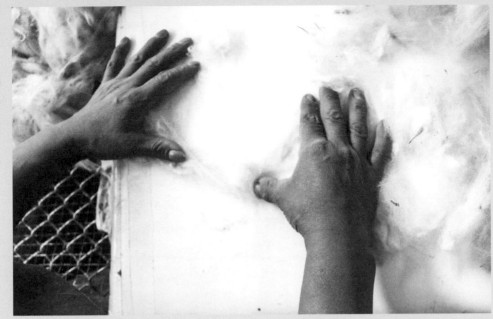

3.
LE CARDAGE DE LA LAINE
Le cardage consiste à démêler délicatement les morceaux de toison brute en tirant doucement sur les fibres. La laine est cardée puis peignée.

4.
LE FILAGE
Les fibres de laine sont associées puis entortillées entre elles à l'épaisseur voulue. On recourt généralement à un fuseau ou un rouet.

5.
LA TEINTURE DU FIL
La teinture est versée dans un récipient d'eau bouillante, où le fil est ensuite plongé et laissé le temps nécessaire pour absorber la couleur.

Les teintes naturelles de nos fils tendent vers un blanc pur, ce qui permet de les teindre dans un vaste choix de coloris. Pour les teintes n'existant pas dans la nature, les colorants sont artificiels, mais ils sont toujours biodégradables.

6.
LE RETORDAGE DU FIL
Le fil est ensuite retordu, ce qui lui apporte sa touche finale, et c'est tout ! Nous voilà donc avec une pelote de fil de laine de la couleur de notre choix.

Caractéristiques de la laine

Voici quelques éléments à garder en tête au moment de choisir le fil parfait pour votre projet. Que vous débutiez ou soyez un.e super tricoteur.se, quel que soit le projet ou l'utilisation envisagés, vous devez suivre les règles. Sans faute. Désolés– ou pas.

Première chose à laquelle prêter attention : l'épaisseur du fil. Plus il sera épais, plus vite vous parviendrez au bout de votre ouvrage, car votre projet comptera en effet moins de mailles et de rangs. Si vous débutez, nous vous conseillons de partir d'une laine bien épaisse. Ainsi, vous progresserez rapidement et vous sentirez encouragé.e à continuer !

Une autre raison pour laquelle un fil épais est plus adapté aux débutant.e.s est qu'il est beaucoup plus simple de repérer les erreurs et de les corriger. Nous savons tous à quel point il est frustrant de défaire son travail, mais cela fait partie du processus.

Peu à peu, vous pourrez passer à des fils plus fins. Cela vous permettra d'ajouter des détails et de vous essayer à des techniques plus élaborées, comme les points dentelle, les torsades et le jacquard. Aventurez-vous vers l'inconnu !

Autre élément : la saisonnalité du projet. Pour l'automne et l'hiver, choisissez la laine ou le baby alpaga pour leur chaleur et leur fort pouvoir isolant. Parmi ces fibres, vous trouverez des fils épais ou fins– les plus épais sont très chauds, mais forment une pièce finale très volumineuse, tandis que les plus fins gardent moins bien la chaleur, mais sont aussi moins lourds, plus fins et épousent mieux la forme du corps. Pour l'été, tournez-vous vers les fibres de bambou, lin ou coton, qui sont très légères, fraîches et dont le contact direct avec la peau est agréable.

Enfin, essayez de déterminer à quelle fréquence vous allez porter le vêtement. Toutes les fibres d'origine naturelle sont fragiles, c'est pourquoi nous déconseillons de les laver à la machine avec des produits chimiques. Si vous ne souhaitez pas renoncer à la laine naturelle, mais pensez porter le vêtement régulièrement, nous vous suggérons de recourir à des fils Superwash. Ces derniers boulochent moins et sont plus faciles à laver. Vous trouverez plus de détails à ce sujet dans la section soin de la laine (page 22).

Entretenir la laine et le coton WAK

Maintenant que vous avez créé votre pièce WAK, nous comptons sur vous pour la porter fièrement très, très, trèèèès longtemps. Prendre soin de vos vêtements faits à la main est simple ; il vous suffit de suivre ces quelques conseils pour qu'ils aient toujours l'air parfaitement neufs.

À FAIRE : lavage à la main

Les fibres naturelles sont fragiles et doivent être traitées avec le plus grand soin : c'est pourquoi nous vous conseillons de laver vos habits 100 % laine ou coton à la main. C'est triste, mais c'est comme ça.

Remplissez d'abord un récipient d'eau froide additionnée d'un peu de lessive douce, moins agressive que la lessive traditionnelle (le rayon spécial laine est bien fourni). Laissez tremper quelques minutes, puis rincez doucement pour enlever les résidus de lessive.

ON ÉVITE : l'essorage

Il ne faut jamais tordre ni frotter votre vêtement ! Jamais, jamais. Non, pas même en le lavant ; ni pour le faire sécher. JA-MAIS. Essorer votre habit peut le déformer, et le frotter va lui donner un aspect vieilli. Dans l'idéal, enroulez votre vêtement dans une serviette pour absorber l'excès d'eau.

À FAIRE : séchage à plat

Le mode de séchage de vos vêtements est au moins aussi important que leur lavage. Étendez la pièce à plat sur une surface horizontale et hors de portée de la lumière directe du soleil. Cela évitera qu'elle se déforme sous le poids de l'eau et que le soleil altère ses couleurs.

ON ÉVITE : le sèche-linge

Le sèche-linge n'est pas exactement l'ami des tissus en laine et en coton. En fait, il est même leur ennemi n° 1 ! Soumises à des températures élevées, les fibres naturelles peuvent rétrécir, feutrer et risquent fort de boulocher, donnant à vos vêtements un aspect affreux et vieillot. Donc : pas de sèche-linge.

ON ÉVITE : le repassage

En suivant les conseils précédents, vous n'aurez pas besoin de repasser vos pièces tricotées. La laine comme le coton risquent de rétrécir un peu sous la surface brûlante du fer. Si besoin, vous pouvez recourir à une bonne dose de vapeur – évitez toujours d'appliquer le fer directement sur le vêtement – ou régler le fer au minimum et placer un morceau de tissu entre le fer et votre vêtement tricoté. Cela évitera qu'il se déforme ou devienne brillant.

ON ÉVITE : les cintres

Une fois lavés et séchés, ne suspendez pas vos vêtements sur des cintres. Pliez-les et évitez d'empiler trop de poids dessus pour qu'ils ne se déforment pas, ni ne perdent de leur moelleux.

LES FIBRES SUPERWASH

Bien que nous recommandions de systématiquement laver vos ouvrages tricotés à la main, les fibres superwash tolèrent un lavage en machine. Ce type de fil a en effet reçu un traitement spécifique qui évite les désagréments mentionnés ci-contre. Ces fibres sont la solution idéale si vous songez à tricoter une pièce pour un bébé/enfant, ou prévoyez de porter un vêtement très souvent. Choisissez simplement un cycle délicat, une lessive adaptée et séchez votre vêtement à plat : vous serez bluffé.e par le resultat ! (Pour info, parmi toutes les laines WAK, seule la Meriwool est superwash.)

Le matériel

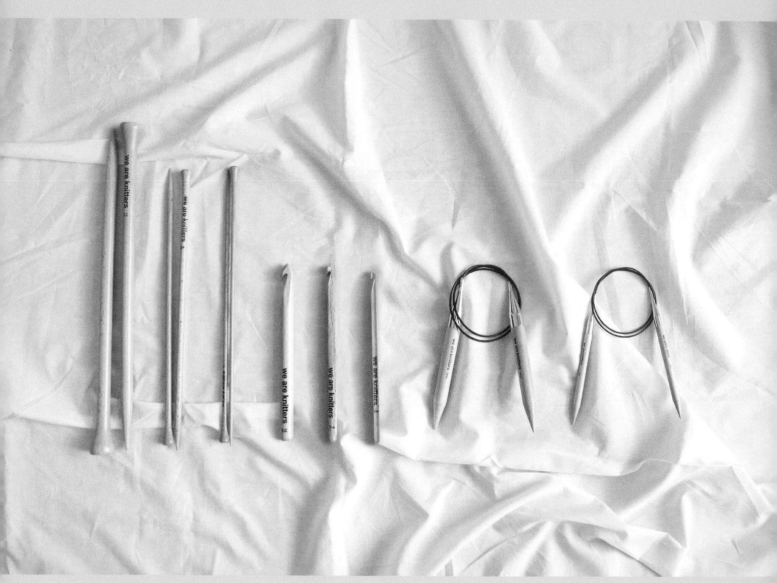

Aiguilles et crochets WAK

we are knitters

Les aiguilles sont aux tricoteurs ce que la baguette est au magicien : ce sont d'elles que tout dépend ! Vous allez travailler avec elles durant de nombreuses heures, c'est pourquoi il est très important qu'elles soient d'excellente qualité, adaptées à la matière que vous tricotez et très confortables.

Chez WAK, nous ne jurons que par nos aiguilles en bois de hêtre. Nous travaillons avec des artisans espagnols qui les produisent une par une. Mais ils n'utilisent pas n'importe quel bois de hêtre ! Il provient de forêts certifiées FSC. Ça ne vous dit rien ? Ce label, porté par les principales ONG environnementales du monde, garantit une gestion durable des forêts. Pour l'obtenir, celles-ci doivent répondre à un cahier des charges strict : préservation de la biodiversité, protection des sols, qualité de l'eau, et même sécurité des ouvriers. En résumé, en achetant du bois de forêts certifiées, nous limitons notre impact environnemental et faisons un usage raisonné des ressources naturelles. Restons *green*, les amis !

POURQUOI TRICOTER AVEC DES AIGUILLES EN BOIS

1. Elles sont sans nickel, donc conviennent même en cas d'allergies cutanées.
2. Elles offrent un toucher doux et chaud.
3. Leurs pointes arrondies ne risquent pas d'abîmer la laine pendant que vous tricotez.
4. Elles sont légères.
5. Elles ne glissent pas entre les doigts — ce qui est génial pour les débutants, qui n'ont pas besoin de difficultés supplémentaires.
6. Elles permettent de tricoter à peu près partout, avion compris.
7. Leur son est plus doux et plus mélodieux.

À SAVOIR : ce livre est imprimé sur du papier issu de forêts certifiées !

Les bases — Monter les mailles

Monter les mailles est la première chose que vous devez apprendre pour tricoter. C'est la base de tout projet tricot.

Pour commencer, il vous faut une longueur de fil trois fois plus grande que celle de la pièce pour laquelle vous préparez le montage.

Par exemple, si votre vêtement fait 20,5 cm de long, il vous faudra 61 cm de fil.

1.
Faites un nœud coulant comme sur l'illustration ci-dessus.

2.
Glissez une aiguille dans votre nœud pour ajuster ce dernier. Attention : il ne doit pas être trop serré, sans quoi il vous sera difficile de travailler. Tenez le fil provenant de la pelote de la main gauche, et l'autre côté du fil dans la main droite.

3.

De la main gauche, formez une boucle sur le fil et glissez-la sur l'aiguille en gardant votre pouce gauche à l'intérieur.

4.

À l'aide de votre main droite, enroulez le fil autour de l'aiguille de l'arrière vers l'avant, en revenant sur la droite.

5.

De la main gauche, tirez la boucle par-dessus la pointe de l'aiguille en passant sur le tour de fil de l'étape 4. Vous venez de monter votre seconde maille. Tirez doucement les deux fils pour l'ajuster à l'aiguille.

6.

Répétez les étapes 3 à 5 jusqu'à avoir le nombre de mailles souhaité.

Les bases — La maille endroit

Le premier point qu'il vous faut apprendre à tricoter est la maille endroit, qui servira de base pour tous les autres points.

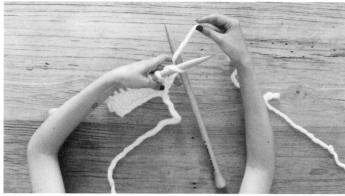

1.

Tenez l'aiguille portant les mailles dans
la main gauche. Insérez l'aiguille droite dans
la première maille comme montré ci-dessus,
en laissant le fil vers l'arrière.

2.

Enroulez le fil autour de l'aiguille droite par
l'arrière, de droite à gauche. Ramenez-le
vers la droite sur le dessus de l'aiguille
droite : vous venez de former une boucle.

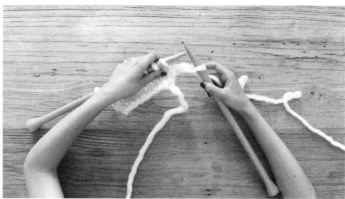

3.

Ramenez doucement vers vous la pointe
de votre aiguille droite en passant sous
l'aiguille gauche. La nouvelle boucle passe
ainsi à travers la première maille
de l'aiguille gauche.

4.

Faites doucement glisser la première maille
de l'aiguille gauche.

5.

Répétez les étapes 1 à 4 pour tricoter
en maille endroit.

Les bases — La maille envers

Voici le second point que vous devez apprendre à tricoter. Une fois que vous maîtrisez les mailles endroit et envers, vous pouvez les combiner pour créer des motifs et des textures.

we are knitters

1.

Tenez l'aiguille portant les mailles dans la main gauche. Insérez l'aiguille droite dans la première maille en la faisant passer devant l'aiguille gauche et en gardant le fil vers l'avant (comme sur la photo ci-dessus).

2.

De la main droite, enroulez le fil autour de l'aiguille droite en passant par l'arrière de celle-ci, de droite à gauche. Vous venez de former une boucle.

3.

Ramenez doucement vers l'arrière la pointe de votre aiguille droite en passant sous l'aiguille gauche. La nouvelle boucle passe ainsi à travers la première maille de l'aiguille gauche.

4.

Faites doucement glisser la première maille de l'aiguille gauche.

5.

Répétez les étapes 1 à 4 pour tricoter en maille envers.

Les bases — Rabattre les mailles

Quand vous aurez achevé votre projet, il vous faudra rabattre les mailles afin de pouvoir retirer votre pièce tricotée de l'aiguille.

1.
Pour commencer, faites glisser la première maille sur l'aiguille droite sans la tricoter.

2.
Tricotez en maille endroit la seconde maille. Ensuite, piquez l'aiguille gauche dans la première maille de l'aiguille droite (celle qui se trouve le plus à droite), ramenez cette maille par-dessus la précédente et faites-la tomber de l'aiguille. Il ne reste qu'une seule maille sur l'aiguille de droite : vous venez de rabattre une maille.

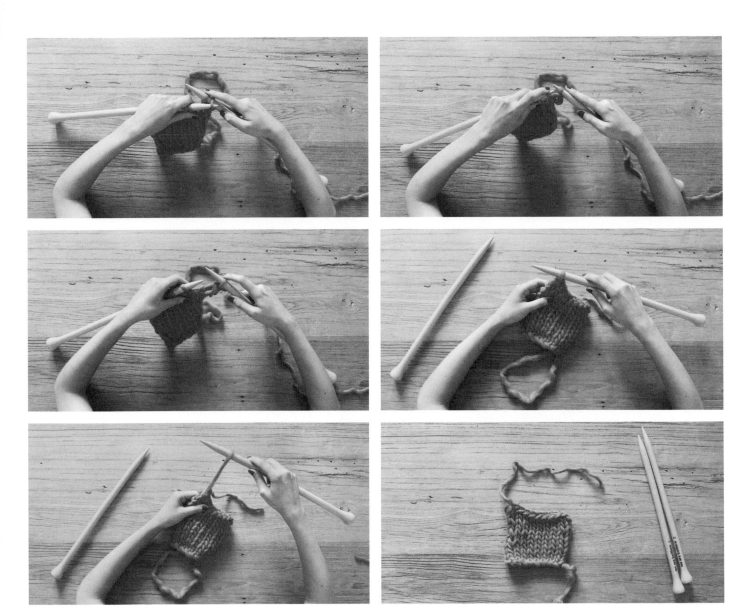

3.
Répétez l'opération jusqu'à ce que vous ayez rabattu le nombre de mailles souhaité.

4.
Lorsque vous arrivez à la dernière maille, coupez le fil en laissant une longueur d'environ 20 cm et faites-le passer à travers la dernière boucle sur votre aiguille. Passez le fil dans une aiguille à laine et, l'envers de l'ouvrage face à vous, faites-le passer à l'arrière de quelques points sur une dizaine de centimètres pour le cacher, en prenant soin qu'on ne le voie pas sur l'endroit. Coupez ensuite le fil restant au plus près de l'ouvrage.

Les bases — La maille glissée

Parfois, vous devrez faire glisser une maille sans la tricoter. Voici la marche à suivre.

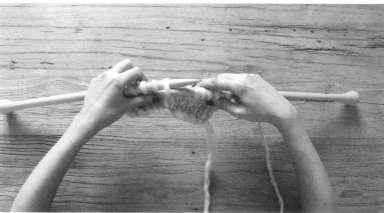

1.

Piquez l'aiguille droite dans la maille que vous souhaitez faire glisser, comme si vous alliez la tricoter en maille envers.

2.

Faites glisser la maille sur l'aiguille droite sans la tricoter.

Cette technique est souvent utilisée en début de rang pour obtenir une jolie bordure bien nette.

we are knitters

Points de base — Le point mousse

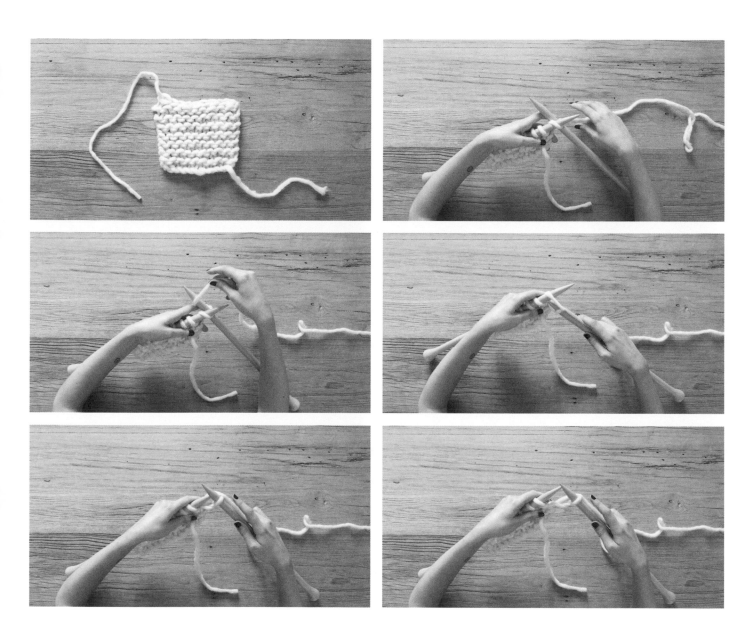

En tricot, le point mousse est le plus simple et le plus basique.

1.
Montez n'importe quel nombre de mailles.

2.
Tricotez en maille endroit jusqu'à obtenir la longueur souhaitée.

Points de base — Le point jersey

Le point jersey est celui que l'on rencontre le plus fréquemment quand on tricote des vêtements.

1.
Montez n'importe quel nombre de mailles.
Rang 1 : tricotez en maille endroit.

we are knitters

2.
Rang 2 : Tricotez en maille envers.

3.
Répétez les étapes 1 et 2 jusqu'à obtenir
la longueur souhaitée.

REMARQUE : il existe une variation
de ce point appelée le jersey envers, où les
rangs impairs sont tricotés à l'envers et les
rangs pairs à l'endroit.

Points de base — Les côtes 1/1

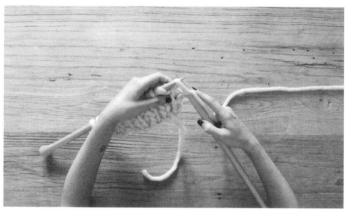

Les côtes sont généralement utilisées pour donner une finition élastique aux encolures, poignets et bords inférieurs des vêtements.

1.
Montez un nombre de mailles pair.
Rang 1 : *1 maille endroit, 1 maille envers*. Répétez la séquence entre étoiles jusqu'à la fin du rang**.

**ATTENTION : quand, sur un même rang, vous alternez les mailles endroit et envers (et *vice versa*), vous devez veiller à bien positionner votre fil de pelote. Placez celui-ci devant votre travail avant de tricoter un point envers, et derrière avant de tricoter une maille endroit.

we are knitters

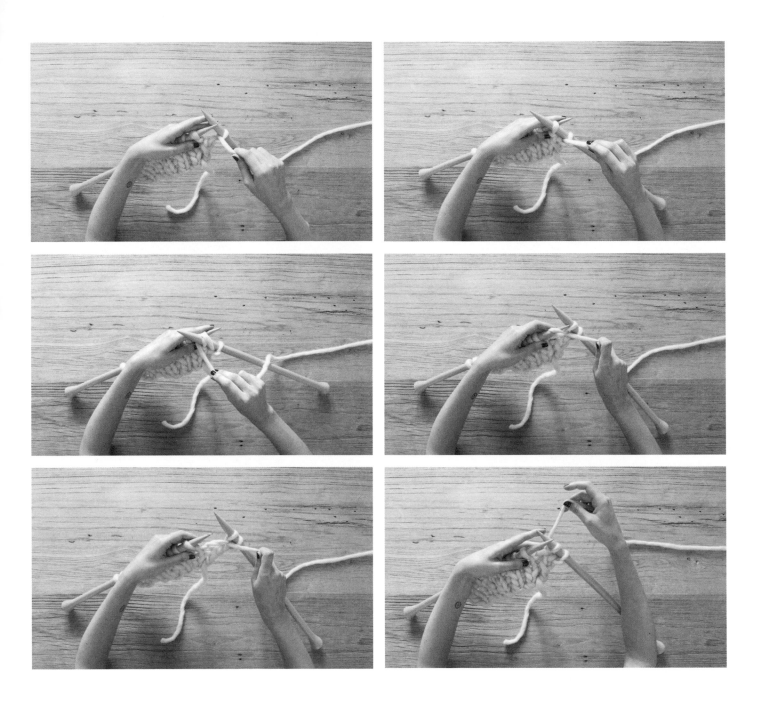

2.
Répétez l'étape 1 jusqu'à obtenir
la longueur souhaitée.

Points de base — Le point de riz

Du fait de son apparence caractéristique, on recourt généralement au point de riz pour créer des vêtements texturés.

1.
Montez un nombre de mailles impair.
Rang 1 : *1 maille endroit, 1 maille envers*. Répétez la séquence entre étoiles jusqu'à la fin du rang.

2.
Répétez l'étape 1 jusqu'à obtenir la longueur souhaitée.

we are knitters

Changer de pelote — Méthode classique

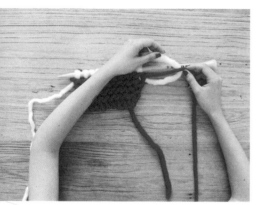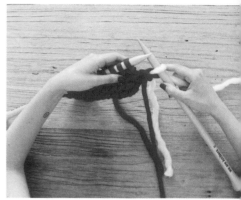

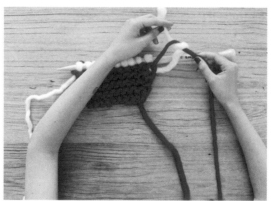

On utilise cette technique pour assembler deux pelotes de laine, lorsqu'on arrive au bout de celle que l'on utilise, ou lorsqu'on veut changer de couleur de laine dans un projet.

1.
Quand la fin d'une pelote se profile, arrêtez-vous au bout d'un rang.
Il est important que la longueur de fil restante soit située en bordure, car elle sera ainsi plus facile à rentrer dans l'ouvrage. Prenez votre nouveau fil et tenez-le dans votre main gauche, derrière votre ouvrage.

2.
Tricotez le rang suivant normalement, en utilisant la nouvelle pelote.

3.
Une fois le rang achevé, faites un petit nœud avec les deux longueurs de fil restantes. À la fin de votre pièce, cachez les fils en les passant sous les mailles de la couleur correspondante.

we are knitters

— Méthode par feutrage

C'est notre technique préférée pour assembler des fils 100 % pure laine. En revanche, elle n'est pas valable pour les fibres superwash, laine ou coton (aucun des deux ne pouvant être feutré).

Il y a deux façons d'appliquer cette méthode.

A.
Avec une aiguille à feutrer : si vous possédez cet accessoire, c'est très simple. Faites se chevaucher le bout du fil de la pelote en cours et celui de la nouvelle pelote, puis feutrez-les ensemble avec l'aiguille. Faites passer celle-ci à travers les deux épaisseurs jusqu'à ce qu'elles ne forment qu'un seul fil (légèrement plus gros).

B.
Sans aiguille à feutrer : si vous n'êtes pas équipé.e de ce petit ustensile, pas de panique ! Humidifiez les deux extrémités de fil avec de l'eau chaude et frottez les fils l'un contre l'autre entre vos mains. Les fils se trouveront solidement raccordés.

  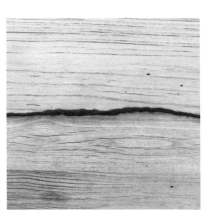

Tricoter en fil double

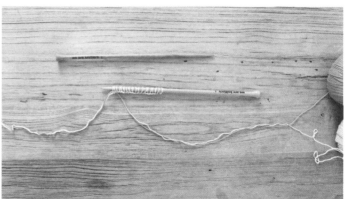

À présent que nous avons vu les techniques de base, pourquoi ne pas jouer avec les textures ? Pour ce faire, le tricot offre une infinité de possibilités : par exemple, choisir des aiguilles plus grosses — ou plus fines — que conseillé pour un fil donné afin de créer une texture ou un effet différents ; ou tricoter en fil double. Cette double page vous montre comment procéder. Vous pouvez utiliser cette technique pour donner à votre projet un aspect chiné ou multicolore, ou pour obtenir un tricot plus épais.

1.
Saisissez les extrémités des fils de vos deux pelotes.

we are knitters

2.
Maintenez les deux fils ensemble comme s'ils n'en formaient qu'un seul, et assurez-vous de ne jamais les séparer quand vous tricotez vos mailles.

3.
Continuez ainsi sur le nombre de rangs souhaité.

Il est aussi possible de tricoter certaines sections en fil double et d'autres en fil simple. Si vous utilisez les mêmes aiguilles tout au long de votre projet, les parties en fil simple donneront un tricot plus souple que celles en fil double.

Les augmentations —

Les augmentations (ici en maille endroit) servent à ajouter des mailles. Elles sont utilisées pour donner leur forme aux manches ou aux bords latéraux des vêtements.

1.

Piquez votre aiguille droite de l'avant vers l'arrière sous le fil entre la dernière

maille de l'aiguille droite et la première de l'aiguille gauche.

2.

Remontez ce fil sur l'aiguille gauche.

3.

Tricotez cette maille à l'endroit, le fil arrivant de l'arrière : la nouvelle maille ainsi créée est torse – mais on évite de créer un trou sur l'ouvrage.

we are knitters

Augmentations avec jeté

On recourt aux jetés pour ajouter une maille tout en créant délibérément un trou dans l'ouvrage. Ils sont souvent associés avec une ou plusieurs diminutions (voir les diminutions, page 48) pour tricoter la dentelle.

1.
Tirez le fil vers vous en passant sous l'aiguille droite, puis formez une boucle sur l'aiguille droite comme sur la photo.

2.
Tricotez la maille suivante.

3.
Au rang suivant (côté envers), vous tricoterez cette maille comme les autres. Vous obtiendrez une maille supplémentaire tout en créant volontairement un petit trou dans votre ouvrage.

Les diminutions —
Tricoter 2 mailles ensemble

Les diminutions permettent de supprimer des mailles afin de former les encolures et emmanchures et de cintrer les vêtements. On les utilise également pour former des points à motifs, comme des œillets ou des points de filet.

Voici la façon la plus simple d'effectuer une diminution : il s'agit de tricoter deux mailles en une fois comme s'il n'y en avait qu'une.

1.
Piquez l'aiguille droite dans les deux mailles suivantes de l'aiguille gauche.

2.
Tricotez-les ensemble comme vous le feriez pour une seule maille.

Le résultat ressemble à une maille endroit normale, mais légèrement inclinée vers la droite. Pour qu'elle pointe à gauche, poursuivez votre lecture, et vous saurez comment faire.

we are knitters

— Tricoter 2 mailles ensemble à l'envers

Cette diminution est similaire à la précédente, à la différence qu'elle se pratique sur deux mailles envers au lieu de deux mailles endroit.

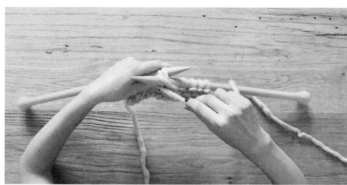

1.
Piquez l'aiguille droite dans les deux mailles suivantes comme si elles ne faisaient qu'une.

2.
Tricotez-les en maille envers comme vous le feriez pour une maille simple.

Sur l'endroit de votre tricot, cette diminution penche légèrement vers la droite.

— Le surjet simple

C'est la diminution «miroir»
de 2 mailles tricotées ensemble
à l'endroit : la maille qui en découle
penche légèrement vers la gauche.
En faisant un surjet simple d'un côté
de votre ouvrage et en tricotant
2 mailles ensemble sur le bord opposé,
vous obtiendrez une jolie symétrie.

1.
Piquez l'aiguille droite dans la maille comme
si vous alliez la tricoter à l'endroit, mais
faites-la juste glisser.

we are knitters

2.
Tricotez la maille suivante à l'endroit.

3.
Avec la pointe de l'aiguille gauche, faites
passer la maille glissée par-dessus la
dernière maille tricotée et laissez-la tomber.

Réaliser des torsades

Avec la dentelle, les torsades sont l'une des techniques les plus sympa à réaliser en tricot. Une fois les bases acquises, on peut jouer sur la largeur d'une torsade, en allant de la plus petite à la plus large. Mais commençons par une torsade très basique. Tout d'abord, il nous faut des mailles endroit pour la torsade, et des mailles de part et d'autre de celle-ci, généralement des mailles envers.

Dans cet exemple, nous avons monté 14 mailles, distribuées comme suit : 4 mailles envers de part et d'autre, et 6 mailles endroit au centre pour la torsade.

1.
Faites glisser le nombre de mailles indiqué par le patron (ici, 3 mailles) sur une aiguille à torsade et laissez-les en attente devant ou derrière votre ouvrage selon les instructions données pour votre modèle (ici, derrière).

2.
Tricotez les mailles suivantes comme indiqué sur votre patron (dans notre exemple, il s'agit de tricoter 3 mailles à l'endroit).

we are knitters

3.
Replacez les mailles en attente
de votre aiguille à torsade sur l'aiguille
de gauche et tricotez-les à l'endroit
ou à l'envers (ici, à l'endroit).

Vous venez de tricoter votre première
torsion. Assurez-vous de travailler
sur un nombre impair de rangs après
chaque rang torsadé afin que
le suivant se trouve sur le même côté
de l'ouvrage.

Tricotez juste quelques rangs entre
deux rangs torsadés pour obtenir
un motif de torsade serrée, ou plus
si vous cherchez à créer une torsade
plus lâche.

Tricoter les mailles comme elles se présentent

La consigne « tricotez les mailles comme elles se présentent » se rencontre très fréquemment dans les patrons. Cela signifie qu'il faut tricoter à l'endroit les mailles endroit, et à l'envers les mailles envers.

1.
Tricotez à l'endroit les mailles endroit.

2.
Tricotez à l'envers les mailles envers.

we are knitters

Monter des mailles en début de rang (augmentations en maille endroit)

Cette technique permet d'ajouter 2 mailles ou plus en début de rang afin de former des manches et des encolures.

1.
Pour monter des mailles en début de rang, piquez l'aiguille droite dans la première maille et faites passer le fil

autour de l'aiguille comme si vous alliez tricoter la maille à l'endroit.

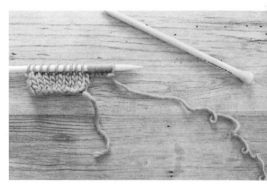

Ramenez la boucle pour créer une nouvelle maille sur l'aiguille droite.

2.
Piquez la pointe de votre aiguille gauche par l'avant, de gauche à droite, dans cette nouvelle maille sur l'aiguille droite, puis faites-la glisser sur l'aiguille gauche.

3.
Vous venez de monter une maille. Répétez l'opération autant de fois qu'indiqué sur votre patron. Une fois le montage des mailles supplémentaires achevé, tricotez-les selon les instructions fournies.

Le point de matelas

Le point de matelas sert à coudre ensemble pour les assembler vos pièces de tricot achevées.
Cette technique assure une finition très nette pour vos vêtements.

1.
Coupez une longueur du fil avec lequel vous avez réalisé votre projet et enfilez-le dans une aiguille à laine.

2.
Posez les deux pièces que vous souhaitez assembler sur une surface plane, l'endroit face à vous.

3.
Passez l'aiguille à laine dans la portion de fil située entre les deux premières mailles du premier rang de la pièce de droite.

we are knitters

4.
Passez ensuite l'aiguille à laine dans la portion de fil située entre les deux premières mailles du premier rang de la pièce de gauche.

5.
Répétez les étapes 3 et 4 pour coudre le reste des rangs.

6.
Une fois que vous avez terminé de coudre l'ensemble des rangs, tirez sur votre fil pour resserrer la couture.

Relever les mailles

On recourt à cette technique pour la finition des encolures et des manches.

1.
Piquez votre aiguille dans la première maille du premier rang.

we are knitters

2.
Faites un tour de fil autour de votre aiguille et faites passer cette boucle à travers la première maille. Vous avez relevé la première maille.

3.
Piquez l'aiguille dans la première maille du second rang, faites un tour de fil autour de votre aiguille et faites passer cette boucle à travers la maille. Il y a maintenant 2 mailles sur votre aiguille.

4.
Continuez ainsi en piquant à travers la première maille de chaque rang.

Mini-précis de tricot — Les bases

L'échantillon

Demandez à deux tricoteurs de suivre exactement les mêmes instructions, avec les mêmes aiguilles et le même fil : leurs productions ne seront jamais parfaitement semblables. Étrange, non ?

La taille d'une pièce ne dépend pas uniquement du fil et du diamètre d'aiguilles utilisées, mais aussi du geste de chaque personne. Chacun applique en effet une pression différente sur son fil en tricotant, ce qui impacte le rendu final.

Il est donc essentiel de réaliser un échantillon avant chaque nouveau projet. Vous pourrez ainsi anticiper un rendu trop serré ou trop lâche et, le cas échéant, adapter la taille d'aiguilles pour obtenir le résultat souhaité. Pour réaliser un échantillon, il suffit de tricoter un carré d'environ 20 cm de côté avec le point principal de votre modèle et la taille d'aiguilles conseillée. Le fait de produire un échantillon de ces dimensions simplifiera le comptage des mailles et des rangs sur un carré de 10 cm de côté.

1.

Après avoir rabattu les mailles de votre échantillon, lavez-le à la main et faites-le bien sécher à plat. Pour compter les mailles d'un rang, piquez une épingle à la verticale entre deux mailles, à environ 2 cm du bord.

2.

Posez une règle plate sous l'épingle, à la base d'une ligne de mailles horizontale, puis piquez une seconde épingle à 10 cm de la première (même si cette seconde épingle se trouve au niveau d'un quart ou d'une moitié de maille).

CONSEIL : évitez d'utiliser un mètre ruban, car il peut s'étirer et vous fournir des mesures imprécises.

Mini-précis de tricot — L'échantillon

3.

Il vous faut maintenant compter le nombre de petits V que forment les mailles. Vous pouvez vous aider d'une aiguille à tricoter pour ne pas perdre le compte.

4.

Sur la photo ci-dessus, nous avons mis en évidence chaque maille pour qu'il soit plus facile de compter. N'oubliez pas de prendre aussi en compte les mailles incomplètes. Sur notre échantillon, nous avons 6 mailles sur 10 cm.

5.

Utilisez la même méthode pour compter le nombre de rangs que vous avez tricotés sur 10 cm, en prenant en compte les mailles sur la hauteur.

Ici encore, chaque V correspond à un rang. Sur notre échantillon, nous comptons 11 rangs.

we are knitters

Alors, c'est simple, non ? Maintenant, vous devez comparer les mesures de votre échantillon avec celles données par votre patron. Si elles sont identiques, vous pouvez vous lancer ! Sinon, trois choix s'offrent à vous :

- Vous pouvez prendre une taille d'aiguilles supérieure ou inférieure et refaire des échantillons jusqu'à ce que vos mesures correspondent à celles du patron. C'est la méthode à privilégier, car elle vous permettra de tricoter avec naturel et sans vous inquiéter, car vous saurez que vos mesures sont bonnes.
- Vous pouvez tricoter en augmentant ou diminuant la tension que vous mettez dans votre fil. Cette méthode requiert votre attention pleine et entière tout au long du processus.
- Vous pouvez réaliser votre projet selon votre propre référentiel plutôt que selon celui du patron. Pour cela, il vous faudra ajuster le nombre de mailles à monter afin d'obtenir les mesures indiquées pour le modèle choisi. Nous ne conseillons cette méthode que si vous êtes expérimenté.e, car elle entraînera de nombreux autres changements par rapport au patron d'origine pour que tout corresponde bien.

Certes, il peut paraître ennuyeux de systématiquement devoir réaliser un échantillon avant de commencer un projet pour de bon, mais c'est la meilleure façon de vous assurer que vous parviendrez bien au résultat souhaité !

Associer les fils et créer des effets

Tout créatif aime varier les textures, non? C'est tellement réjouissant de voir et de sentir quelque chose de nouveau à chaque projet... Cependant, il peut arriver que le fil choisi ne produise pas la texture que nous voulons, et il faut alors user de différentes techniques et petits trucs pour parvenir à nos fins.

Souvent, le fait de combiner différentes fibres est un super moyen pour créer de nouvelles textures. Par exemple, l'association de deux couleurs de la même fibre permet d'obtenir un aspect chiné. Cette astuce est parfaite quand on tricote des pulls aux mailles non texturées, comme les points mousse ou jersey.

Vous pouvez trouver un exemple de cette technique avec le pull touareg (page 80). Pour ce modèle, une laine très épaisse est associée à deux teintes d'un fil de coton beaucoup plus fin. En plus d'une certaine tenue, le coton donne une belle bordure à la pièce finale, vous ne trouvez pas?

we are knitters

Une autre technique consiste à recourir à différentes tailles d'aiguilles tout en gardant le même fil, ce qui donne des variations de texture ou de densité. Par exemple, si vous utilisez des aiguilles beaucoup plus grosses que celles qui vous sont conseillées, vous allégerez l'ouvrage, et lui donnerez un effet de drapé, un aspect tissé et une certaine transparence. Avec des aiguilles plus fines, votre projet aura plus de densité et de rigidité.

Nous vous suggérons également de tenter l'association de fils d'épaisseurs différentes : commencez par tricoter quelques rangs de votre ouvrage avec un fil plus fin que celui qui est normalement prévu, puis passez à l'épaisseur recommandée. Changez de nouveau (ou pas) autant de fois qu'il vous plaira ! Ceci apportera un aspect évoquant la dentelle aux parties tricotées avec le fil le plus fin. Cette technique est appliquée pour le cardigan Tribunal (page 72).

Quand on associe différents fils, les possibilités sont sans fin : on peut aussi bien jouer avec les couleurs qu'avec les matières ou les épaisseurs. Le tout est de tenter ce qui vous passe par la tête tout en recherchant l'équilibre et l'harmonie.

Associer différentes épaisseurs de fil

Les modèles

« Il vaut mieux voir une chose une seule fois qu'en entendre parler des milliers de fois. »
— Auteur inconnu

Vous trouverez dans les pages qui suivent quinze patrons différents (ouiiiiii !) : pulls, cardigans, écharpes, bonnets... et même un *headband* ! Les points et les techniques utilisés sont variés, depuis les projets pour débutants à ceux plus avancés. Certains de ces modèles sont faciles, mais d'autres mettront vos talents de tricoteur.se à l'épreuve — faites-nous confiance !

En prime, vous verrez de magnifiques images de certains de nos endroits préférés dans le monde et aurez un avant-goût de ce que l'on peut visiter, manger et créer là-bas !

Alors attachez vos ceintures et n'oubliez pas d'emporter vos aiguilles : il est fort possible que vous en ayez besoin à votre prochaine escale !

Marrakech

OÙ TRICOTER ?
Le Jardin : une oasis en
pleine médina ! Absolument
tout est vert, dans ce
restaurant regorgeant de
plantes : murs, sol, chaises…
tout ! Il y a même des tortues
qui se baladent en liberté.

Nomad : un toit-terrasse
offrant un merveilleux point
de vue sur la médina.
L'endroit parfait pour prendre
un verre et tricoter !

Le jardin Majorelle : le refuge
d'Yves Saint Laurent quand
il séjournait à Marrakech. Il
y a vécu durant de longues
périodes. Aujourd'hui, les
paisibles jardins entourant la
villa peuvent se visiter.

**TEMPÉRATURES
MAXIMALES MOYENNES**

Printemps : 24,3 °C
Été : 34,6 °C
Automne : 27,2 °C
Hiver : 18,9 °C

SAISON DES PLUIES
Janvier et février

NOS PLATS PRÉFÉRÉS
Tajine de poulet
Briwat

OPTIONS VEGGIE
Maaqouda
Couscous végétarien

Ne nous demandez pas pourquoi, mais nous avons toujours été intrigués par le Maroc. Est-ce le terracotta de sa palette de couleurs ? Ou peut-être le sens du style que nous sentions dans ce pays, le dédale des rues des médinas, la nourriture ? En fait, c'est un mélange de tout cela. Marrakech est un endroit vraiment magique.

Déambuler dans Marrakech c'est déjà être inspiré. Nous nous y sommes rendus il y a deux ans dans le but de créer une collection entière inspirée par la ville et *oh, my, god**! Nous n'y avons passé que quelques jours, mais cela a suffi pour profiter de la magie que la ville avait à offrir.

Prenons l'architecture, par exemple : elle est tout simplement éblouissante! Et on pourrait passer toute une journée – sérieusement – à scruter le plafond ornementé du moindre riad tant il y a de détails à admirer...

Nos efforts pour traduire toute cette splendeur sous forme de patrons de tricot nous ont conduits aux deux pièces que vous trouverez dans ce chapitre : des modèles multifibres aux textures variées, qui leur donnent ce petit truc en plus qu'on trouve à Marrakech.

* *oh my god* (ou *OMG*) : oh, mon dieu (NdT).

we are knitters

Cardigan Tribunal

NIVEAU
Intermédiaire

TAILLES
S [M, L, XL]

MESURES FINALES
106 [114, 120, 126] cm
pour le buste

FIL
Laine fine we are knitters
[100 % laine péruvienne,
140 m., 100 g.] : 3 [3, 3,
3] pelotes Naturel

Grosse laine we are
knitters [100 % laine
péruvienne, 80 m.,
200 g.] : 4 [4, 5, 5]
pelotes Naturel

AIGUILLES

Aiguilles circulaires
(80 cm) de 15 mm
(US 19)

Changez la taille
d'aiguilles si nécessaire
pour ajuster votre
échantillon.

MERCERIE
Aiguille à laine

ÉCHANTILLON
6 mailles et 9 rangs =
10 cm en point jersey
(voir page 36)

● *Mailles*
○ *Rangs*

Les modèles — Marrakech

DÉMARRER L'OUVRAGE

DOS

Montez 32 [34, 36, 38] mailles avec la laine fine.

Tricotez les rangs 1 à 66 [66, 68, 68] en point jersey en suivant la séquence d'alternance de fils detaillée ci-dessous.

N.B. : tout au long du projet, nous ferons alterner laine fine et grosse laine.

Rangs 1 – 4 : laine fine.
Rangs 5 – 8 : grosse laine.
Rangs 9 et 10 : laine fine.
Rangs 11 – 14 : grosse laine.
Rangs 15 – 18 : laine fine.
Coupez le fil à la fin du rang 18.

REMARQUE : Quand vous coupez le fil, assurez-vous de garder une longueur suffisante (7 à 10 cm) pour pouvoir la rentrer sous les mailles à la fin de l'ouvrage.

Rang 19 : grosse laine.
Rangs 20 – 25 : laine fine.
Rangs 26 et 27 : grosse laine.
Rangs 28 – 31 : laine fine.
Rangs 32 – 35 : grosse laine.

Rangs 36 et 37 : laine fine.
Coupez le fil à la fin du rang 37.
Rang 38 : grosse laine.
Rangs 39 – 44 : laine fine.
Rangs 45 – 48 : grosse laine.
Rangs 49 – 52 : laine fine.
Coupez le fil à la fin du rang 52.
Rang 53 : grosse laine.
Rangs 54 et 55 : laine fine.
Rangs 56 et 57 : grosse laine.
Rangs 58 – 61 : laine fine.
Rangs 62 – 66 [66, 68, 68] : grosse laine.
Rabattez toutes les mailles.

DEVANTS

Suivez ces instructions deux fois pour réaliser les deux pièces de devant.

Montez 15 [16, 17, 18] mailles avec la laine fine.

Tricotez les rangs 1 à 66 [66, 68, 68] comme pour le dos, en suivant la même séquence d'alternance de laines.

Rabattez toutes les mailles.

MANCHES

Suivez ces instructions deux fois pour réaliser deux manches.

Montez 12 [12, 14, 14] mailles avec la grosse laine.

Tricotez les rangs 1 à 10 avec la grosse laine en côtes 1/1 (voir page 38).

Tricotez les rangs 11 à 54 [54, 56, 56] au point jersey, en apportant les augmentations et en changeant de laine selon les instructions suivantes :

Rang 11 : passez en laine fine. Tricotez 2 [1, 2, 1] m. à l'endroit, augmentez d'1 m., *tricotez 2 [2, 2, 2] m. à l'endroit, augmentez d'1 m.*. Répétez la séquence entre * et * jusqu'à ce qu'il vous reste 2 [1, 2, 1] m., tricotez à l'endroit jusqu'à la fin. Vous aurez au total 17 [18, 20, 21] mailles.

Rangs 12, 14, et 16 : tricotez toutes les mailles à l'envers avec de la laine fine.

Rang 13 : tricotez 2 [1, 2, 1] m. à l'endroit, augmentez d'1 m., *tricotez 3 [3, 3, 3] m. à l'endroit, augmentez d'1 m.*. Répétez la séquence entre * et * jusqu'à ce qu'il vous reste 3 [2, 3, 2] maille(s), tricotez à l'endroit jusqu'à la fin. Vous aurez au total 22 [24, 26, 28] mailles.

Rang 15 : tricotez 2 [1, 2, 1] m. à l'endroit, augmentez d'1 m., *tricotez 4 [4, 4, 4] m. à l'endroit, augmentez d'1 m.* Répétez la séquence entre * et * jusqu'à ce qu'il vous reste 4 [3, 4, 3] maille(s), tricotez à l'endroit jusqu'à la fin. Vous aurez au total 27 [30, 32, 35] mailles.

Rangs 17 – 52 : répétez les rangs 5 à 40 comme pour le dos, en suivant la même séquence d'alternance de laines.

Rangs 53 – 54 [54, 56, 56] : tricotez au point jersey avec la grosse laine.

Rabattez toutes les mailles.

SCHÉMAS

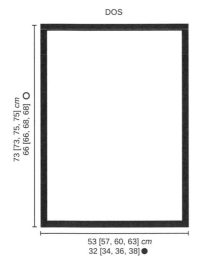

DOS

73 [73, 75, 75] cm ○
66 [66, 68, 68] ●

53 [57, 60, 63] cm
32 [34, 36, 38] ●

DEVANTS

x2

73 [73, 75, 75] cm ○
66 [66, 68, 68] ●

25 [27, 28, 30] cm
15 [16, 17, 18] ●

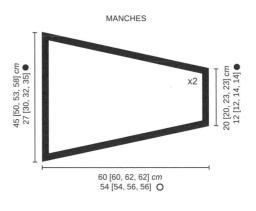

MANCHES

x2

45 [50, 53, 58] cm ●
27 [30, 32, 35] ○

20 [20, 23, 23] cm ●
12 [12, 14, 14] ○

60 [60, 62, 62] cm
54 [54, 56, 56] ○

FINITIONS

1.

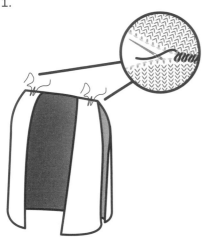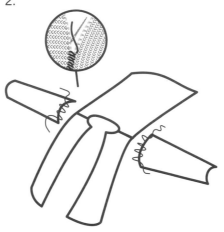

Passez la laine fine que vous avez utilisée pour tricoter dans une aiguille à laine et cousez les épaules : placez le dos et les devants envers contre envers, en alignant les bordures. Cousez 7 [8, 9, 10] mailles pour chaque épaule.

2.

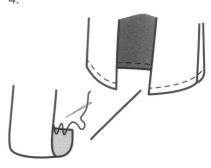

Cousez une manche au corps du cardigan, en alignant le centre de la manche avec la couture d'épaule. Faites de même pour la seconde manche.

3.

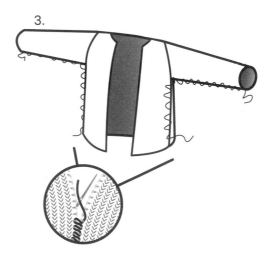

Ensuite, réalisez les coutures latérales et du dessous des manches au point de matelas (voir page 56).

4.

Pour réaliser l'ourlet, pliez les devants et le dos vers l'envers le long du rang 4.
Cousez l'ourlet sur l'envers, maille par maille, en utilisant l'aiguille à laine et la laine fine. Faites un nœud.

5.

Tirez environ 10 m de grosse laine et formez une petite pelote avec : vous allez vous servir de ce fil pour relever les mailles.

Doté.e de vos aiguilles et de votre mini pelote, relevez 42 [42, 43, 43] mailles le long de la bordure du côté droit, à partir du bas, comme suit : *relevez 2 mailles, glissez-en 1*; répétez la séquence entre * et * 19 [19, 20, 20] fois, puis relevez 2 [2, 1, 1] mailles. Ne coupez pas le fil ; laissez-le en attente. Faites passer toutes les mailles que vous avez relevées de l'aiguille droite à l'aiguille gauche de sorte que la première maille que vous allez tricotez soit celle du bas du cardigan.

6.

Nous allons finir la bordure du cardigan avec une I-cord (bordure en cordon). Pour ce faire, en utilisant le fil de votre pelote de grosse laine, montez 4 mailles au début du rang.

A : Tricotez 3 m. à l'endroit, glissez 1 m., tricotez la maille suivante de votre aiguille gauche, puis faites passer la m. glissée par-dessus la maille que vous venez de tricoter. Faites passer les mailles de votre aiguille droite sur votre aiguille gauche de sorte à pouvoir continuer le travail sans retourner votre ouvrage. C'est ce qu'on appelle un rabat en I-cord.

B : Répétez les étapes A 41 [41, 42, 42] fois, jusqu'à ce que vous ayez rabattu toutes vos mailles relevées. Il vous restera 4 mailles au total sur votre aiguille.

Continuez le long de l'encolure comme indiqué ci-après :

C : Tricotez 3 rangs d'I-cord sans la connecter à votre ouvrage. Pour ce faire, tricotez toutes les mailles, faites-les repasser sur l'aiguille gauche et tricotez-les à nouveau sans retourner votre ouvrage.

D : Faites glisser vos 4 mailles sur l'aiguille droite sans les tricoter. Avec l'aiguille droite, relevez 34 mailles de l'encolure (8 mailles de la partie avant droite, 18 mailles du dos, et 8 de la partie avant gauche) en utilisant le fil laissé en attente précédemment. Faites glisser toutes les mailles depuis l'aiguille droite sur l'aiguille gauche (34 mailles de l'encolure plus les 4 mailles de l'I-cord), de sorte que la première maille à tricoter soit la courbure de l'I-cord.

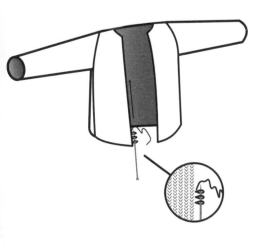

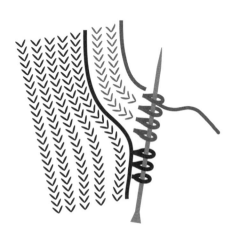

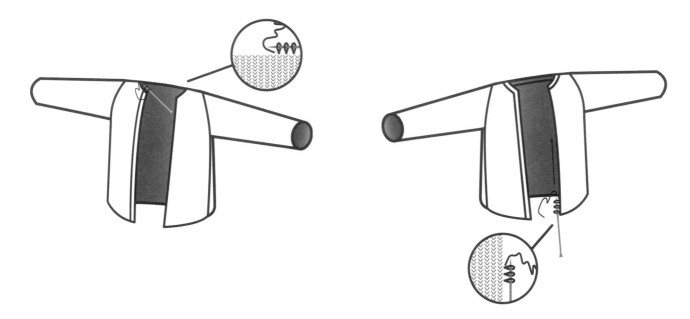

E : Avec le fil de la grosse pelote (l'autre est à nouveau laissé en attente), tricotez 3 m. à l'endroit, glissez 1 m., tricotez la maille suivante de votre aiguille gauche, puis faites passer la m. glissée par-dessus la maille que vous venez de tricoter. Vous venez de reconnecter votre I-cord à votre ouvrage.

F : Continuez de rabattre en I-cord l'ensemble des mailles de l'encolure. Vous finissez avec un total de 4 mailles.

G : Répétez les étapes C pour faire la seconde courbure de l'I-cord, entre l'encolure et la partie avant gauche.

H : Faites glisser les 4 mailles sur l'aiguille droite et, avec la même aiguille, relevez 42 [42, 43, 43] mailles le long de la bordure avant gauche en utilisant votre fil en attente, en commençant par le haut et selon les instructions suivantes : *relevez 2 mailles, glissez-en 1*; répétez la séquence entre * et * 19 [19, 20, 20] fois, relevez 2 [2, 1, 1] mailles. Faites passer toutes les mailles (les 42 [42, 43, 43] de l'avant plus les 4 de l'I-cord) depuis l'aiguille droite sur l'aiguille gauche, de sorte qui la première maille à tricoter soit la courbure de l'I-cord.

I : Avec le fil de la grosse pelote répétez les étapes A et B.

J : Rabattez toutes les mailles.

7.
Rentrez tous les fils en les tissant sous les mailles, sur l'envers, sur quelques centimètres. Coupez l'excédent.

Les modèles — Marrakech

Pull touareg

we are knitters

NIVEAU
Intermédiaire

TAILLES
S [M, L, XL]

MESURES FINALES
94 (102, 110, 120) cm
pour le buste

FIL
Grosse laine we are knitters
[100 % laine péruvienne,
80 m., 200 g.] :
4 [4, 5, 5] pelotes Natural
(A)

Coton Pima we are knitters
[100 % coton Pima, 212 m.,
100 g.] : 1 [1, 2, 2] pelote(s)
de chaque couleur, Noir (B)
et Saumon (C)

AIGUILLES
Une paire d'aiguilles
droites de 15 mm
(US 19)

Changez la taille
d'aiguilles si nécessaire
pour ajuster votre
échantillon.

MERCERIE
Aiguille à laine
4 aiguilles double pointe

ÉCHANTILLON
9 mailles et 17 rangs =
10 cm en point de toile
tricolore (voir page 82)

● *Mailles*
○ *Rangs*

SCHÉMAS

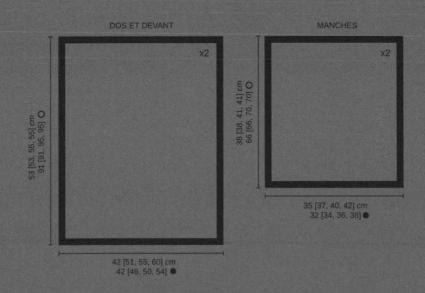

DOS ET DEVANT

x2

53 [53, 55, 55] *cm*
91 [91, 95, 95] ○

42 [51, 55, 60] *cm*
42 [46, 50, 54] ●

MANCHES

x2

38 [38, 41, 41] *cm*
66 [66, 70, 70] ○

35 [37, 40, 42] *cm*
32 [34, 36, 38] ●

INSTRUCTIONS POUR LE POINT DE TOILE TRICOLORE

Rang 1 : en tenant ensemble les fils de couleur B et C, tricotez 1 m. à l'endroit, *glissez 1 m. avec le fil devant, tricotez 1 m. à l'endroit* ; répétez la séquence entre * et * jusqu'à ce qu'il ne reste qu'1 maille, puis tricotez-la à l'endroit.

REMARQUE : quand vous changez de couleur, ne coupez pas le fil. Laissez-le derrière l'ouvrage, de sorte à pouvoir le récupérer quand vous en avez besoin.

Rang 2 : en tenant ensemble les fils de couleur B et C, tricotez 1 m. à l'endroit, *glissez 1 m. avec le fil devant, tricotez 1 m. à l'envers* ; répétez la séquence entre * et * jusqu'à ce qu'il ne reste qu'1 maille, puis tricotez-la à l'endroit.
Rang 3 : avec le fil de couleur A seul, tricotez 1 m. à l'endroit, *glissez 1 m. avec le fil devant, tricotez 1 m. à l'endroit* ; répétez la séquence entre * et * jusqu'à ce qu'il ne reste qu'1 maille, puis tricotez-la à l'endroit.
Rang 4 : avec le fil de couleur A seul, tricotez 1 m. à l'endroit, *glissez 1 m. avec le fil devant, tricotez 1 m. à l'envers* ; répétez la séquence entre * et * jusqu'à ce qu'il ne reste qu'1 maille, puis tricotez-la à l'endroit.
Répétez les rangs 1 à 4 pour tricoter en point de toile tricolore.

DÉMARRER L'OUVRAGE

DEVANT ET DOS
Suivez les instructions suivantes deux fois pour réaliser le devant et le dos.
Montez 42 [46, 50, 54] mailles de la couleur A.
Tricotez les rangs 1 à 90 [90, 94, 94] au point de toile tricolore.
Rang 91 [91, 95, 95] : avec le fil de couleur A seul, tricotez 9 [11, 13, 15] m. à l'endroit et laissez-les en attente sur une aiguille double pointe. Rabattez 24 mailles. Tricotez les mailles restantes à l'endroit et laissez-les en attente sur une aiguille double pointe.

MANCHES
Suivez les instructions suivantes deux fois pour réaliser les manches.
Montez 32 [34, 36, 38] mailles de la couleur A.
Tricotez les rangs 1 à 66 [66, 70, 70] au point de toile tricolore.
Rabattez toutes les mailles avec le fil de couleur A.

FINITIONS

Remaillez les épaules (parties laissées en attente sur les aiguilles double pointe) comme indiqué ci-après. Placez le devant et le dos envers contre envers.

1.
Passez ensemble un fil de couleur B et un fil de couleur C dans une aiguille à laine et passez-les à travers la première maille à tricoter sur le devant du pull comme si vous alliez la tricoter à l'envers.

2.
Passez ensuite les fils à travers la première maille à tricoter sur le dos du pull comme si vous alliez la tricoter à l'endroit.

3.
Repassez les fils à travers la première maille à tricoter sur le devant du pull comme si vous alliez la tricoter à l'endroit, et faites-la tomber de l'aiguille.

4.
Passez les fils à travers la deuxième maille à tricoter sur le devant du pull comme si vous alliez la tricoter à l'envers tout en la laissant sur l'aiguille.

5.

Repassez les fils à travers la première maille à tricoter sur le dos du pull comme si vous alliez la tricoter à l'envers, et faites-la tomber de l'aiguille.

6.

Passez les fils à travers la deuxième maille à tricoter sur le dos du pull comme si vous alliez la tricoter à l'endroit tout en la laissant sur l'aiguille.

Répétez les étapes 3 à 6 jusqu'à avoir tricoté toutes les mailles restantes.

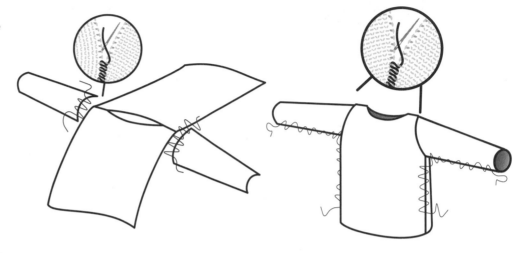

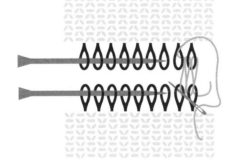

7.

Cousez les manches au corps du pull, en alignant le centre de celles-ci avec les coutures des épaules.

8.

Ensuite, réalisez les coutures latérales et du dessous des manches au point de matelas (voir page 56).

9.

Rentrez tous les fils en les tissant sous les mailles, sur l'envers, sur quelques centimètres. Coupez l'excédent.

Paris

OÚ TRICOTER ?
Jardin du Luxembourg:
dans ce superbe jardin, vous
aurez l'impression de faire
partie de la cour du Roi.
Le mieux est de s'y rendre
au printemps pour profiter
de la pleine floraison
des parterres.

Montmartre: surtout connu
grâce au Sacré-Cœur
et à tous les artistes qui y ont
vécu (dont Picasso, Renoir,
et Van Gogh), ce quartier
dégage toujours l'ambiance
et l'allure bohèmes qui
ont fait sa renommée
au siècle passé.

Café de Flore: situé dans
le 6ᵉ arrondissement, c'est
un des plus anciens cafés
de la ville. Sa décoration
tout comme sa carte vous
donneront l'impression
d'avoir fait un saut dans
le passé.

**TEMPÉRATURES
MAXIMALES MOYENNES**
Printemps : 15,0 °C
Été : 23,6 °C
Automne : 15,5 °C
Hiver : 7,3 °C

SAISON DES PLUIES
D'avril à mai

NOS PLATS PRÉFÉRÉS
Magret de canard
Quiche lorraine

OPTIONS VEGGIE
Ratatouille
Camembert

Voulez-vous tricoter avec moi ce soir ? Non, ce n'est pas juste notre version des célèbres paroles de Patti LaBelle ; nous pensons que c'est aussi ce que les créatifs français se demandent les uns aux autres pendant les froids après-midis parisiens. Enfin, peut-être...

Paris est une des plus belles villes du monde et aura toujours une place à part dans le cœur de WAK. Avec Madrid, Paris a en effet été la première ville à nous accueillir et à nous laisser notre chance quand notre entreprise a commencé à se développer. Dès le début, des tricoteurs français ont utilisé nos kits, et leur nombre n'a jamais cessé de grandir — même à l'époque où nos patrons n'étaient pas encore disponibles en français.

Comme dans la plupart des pays européens, les Français avaient peu à peu arrêté de manier les aiguilles au fil des décennies et, au tournant du XXIe siècle, le tricot était devenu démodé en France. Mais avec l'avènement de la quête d'une *slow-life*, il y a maintenant des tonnes de nouveaux tricoteurs qui réalisent de très jolies choses. En fait, le tricot est justement devenu une caractéristique majeure des gens branchés ! Les personnes les plus populaires de la Ville Lumière apprécient de créer des choses de leurs mains, que ce soit en tricot, crochet, tissage ou macramé.

Les modèles de ce chapitre ont été imaginés pour être tricotés tout en prenant un verre de vin dans un de ces magnifiques cafés parisiens : un pull classique et intemporel, une écharpe simple mais efficace, et une couverture plus facile à réaliser qu'elle n'en a l'air. En somme, cette partie peut se résumer en trois mots : ouh la la* !

* ouh la la : expression jugée typiquement française à l'étranger (NdT).

we are knitters

Les modèles — Paris

Pull classique

NIVEAU
Facile

TAILLES
S [M, L, XL]

MESURES FINALES
104 [110, 114, 120] cm
pour le buste

FIL
Laine fine we are knitters
[100 % laine péruvienne,
140 m., 100 g.]: 6 [6, 7, 7]
pelotes Millenial Pink

AIGUILLES
Une paire d'aiguilles droites
de 8 mm (US 11)

Changez la taille d'aiguilles
si nécessaire pour ajuster
votre échantillon.

MERCERIE
Aiguille à laine

ÉCHANTILLON
13 mailles et 22 rangs =
10 cm en point mousse
(voir page 35)

● *Mailles*
○ *Rangs*

SCHÉMAS

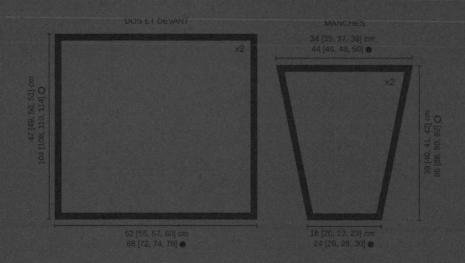

DOS ET DEVANT

x2

47 [49, 50, 51] cm ○
104 [108, 110, 114] ●

52 [55, 57, 60] cm
68 [72, 74, 78] ●

MANCHES

34 [35, 37, 38] cm
44 [46, 48, 50] ●

x2

39 [40, 41, 42] cm ○
86 [88, 90, 92] ○

18 [20, 22, 23] cm
24 [26, 28, 30] ●

DÉMARRER L'OUVRAGE

DEVANT ET DOS
Suivez les instructions suivantes deux fois pour réaliser le devant et le dos. Montez 68 [72, 74, 78] mailles.
Tricotez les rangs 1 à 6 en côtes 1/1 (voir page 38).
Tricotez les rangs 7 à 104 [108, 110, 114] en point mousse.
Rabattez toutes les mailles.

MANCHES
Suivez les instructions suivantes deux fois pour réaliser les manches.
Montez 24 [26, 28, 30] mailles.
Tricotez les rangs 1 à 8 en côtes 1/1.
Rangs 9 à 86 [88, 90, 92] : tricotez au point mousse, en augmentant comme suit : rangs 9, 17, 25, 33, 41, 49, 57, 65, 73 et 81, tricotez 1 m., augmentez d'1 m., tricotez jusqu'à ce qu'il ne reste qu'1 m., augmentez d'1 m., tricotez la dernière m. À la fin du rang 86 [88, 90, 92] vous aurez 44 [46, 48, 50] mailles au total.
Rabattez toutes les mailles.

FINITIONS

1.
En utilisant la même laine que celle de votre ouvrage, passez le fil dans une aiguille à laine et cousez la première épaule : superposez le devant et le dos en alignant les bordures supérieures. Cousez 21 [23, 23, 25] mailles pour la première épaule.

2.
Relevez 54 [54, 58, 58] mailles le long du cou (27 [27, 29, 29] sur la pièce de devant et 27 [27, 29, 29] sur la pièce du dos). Tricotez 4 rangs en côtes 1/1. Rabattez.

Cousez l'extrêmité de l'encolure et la seconde épaule.

Cousez les manches au corps du pull, en alignant le centre de celles-ci avec les coutures des épaules.

3.
Ensuite, réalisez les coutures latérales
et du dessous des manches.

4.
Rentrez tous les fils en les tissant sous
les mailles, sur l'envers, sur quelques
centimètres. Coupez l'excédent.

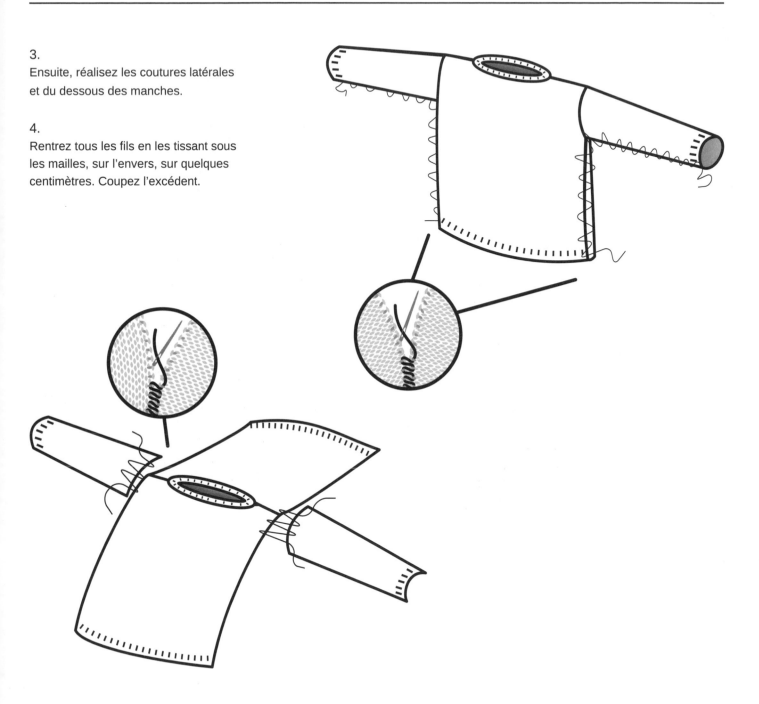

Écharpe Bryant

NIVEAU
Débutant

MESURES FINALES
20 cm de large x
228 cm de long

FIL
Grosse laine we are
knitters [100 % laine
péruvienne, 80 m., 200 g.]:
3 pelotes Turquoise

AIGUILLES
Une paire d'aiguilles droites
de 15 mm (US 19)

Changez la taille d'aiguilles
si nécessaire pour ajuster
votre échantillon.

MERCERIE
Aiguille à laine

ÉCHANTILLON
6 mailles et 10 rangs =
10 cm en point mousse
(voir page 35)

● *Mailles*
○ *Rangs*

SCHÉMAS

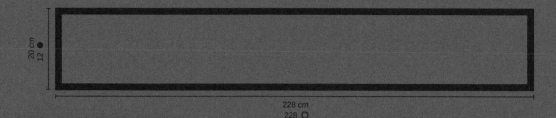

20 cm
12 ●

228 cm
228 ○

DÉMARRER L'OUVRAGE

Montez 12 mailles.
Tricotez les rangs 1 à 228 au point
mousse.
Rabattez toutes les mailles.

FINITIONS

Rentrez tous les fils en les tissant
sous les mailles, sur l'envers, sur
quelques centimètres. Coupez
l'excédent.

Couverture n° 2

NIVEAU
Facile

MESURES FINALES
67 cm de large x
122 cm de long

FIL
Grosse laine we are
knitters [100 % laine
péruvienne, 80 m., 200 g.]:
4 pelotes Saumon

AIGUILLES
Aiguilles circulaires
(80 cm) de 15 mm (US 19)
Changez la taille d'aiguilles
si nécessaire pour ajuster
votre échantillon.

MERCERIE
Aiguille à laine

ÉCHANTILLON
6 mailles et 8 rangs =
10 cm en point jersey
(voir page 36)

 Mailles
○ *Rangs*

Les modèles — Paris

SCHÉMAS

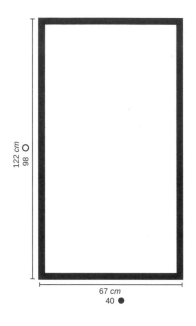

122 cm
98 ○

67 cm
40 ●

INSTRUCTIONS POUR LES CARREAUX EN POINT JERSEY

Rang 1 : tricotez à l'endroit.
Rang 2 et tous les rangs pairs : 4 m. à l'endroit, puis tricotez les mailles comme elles se présentent jusqu'aux 4 dernières, puis 4 m. à l'endroit.
Rang 3 : tricotez 6 m. à l'endroit, *8 m. à l'envers, 2 m. à l'endroit* ; répétez la séquence entre * et * 2 fois, finissez par 4 m. à l'endroit.

Rangs 5, 7 et 9 : tricotez 6 m. à l'endroit, *2 m. à l'envers, 4 m. à l'endroit, 2 m. à l'envers, 2 m. à l'endroit* ; répétez la séquence entre * et * 2 fois, finissez par 4 m. à l'endroit.
Rang 11 : répétez le rang 3.
Répétez les rangs 1 à 12 pour tricoter des carreaux en point jersey.

DÉMARRER L'OUVRAGE

Montez 40 mailles.
Tricotez les rangs 1 à 6 au point mousse (voir page 35).
Rangs 7 à 90 : tricotez des carreaux au point jersey.
Rang 91 : tricotez à l'endroit.
Rang 92 : tricotez 4 m. à l'endroit, 32 m. à l'envers, 4 m. à l'endroit.
Rangs 93 à 98 : tricotez au point mousse.
Rabattez toutes les mailles.

FINITIONS

Rentrez tous les fils en les tissant sous les mailles, sur l'envers, sur quelques centimètres. Coupez l'excédent.

Les modèles — Paris

New York

OÙ TRICOTER ?
La High Line : l'ancienne voie
ferrée ralliant le centre de New
York est maintenant un parc
surélevé et linéaire de l'ouest
de la ville. Ses bancs, offrant
de très beaux points de vue
sur l'Hudson, sont parfaits
pour tricoter.

Madison Square Park : un de
nos chouchous, au croisement
de la Cinquième Avenue
et de Broadway. Vous pouvez
y tricoter au milieu des écureuils
avec une vue incroyable sur
l'*Empire State Building*.

Le bar de l'hôtel The Standard :
Vous avez dit branché ? Vous
ne regretterez pas votre visite
dans ce bar panoramique
au dernier étage du bâtiment,
dominant toute la ville. Avouons-
le : nous y avons pris un –
ou deux – cocktail en finissant
notre dernier projet tricot.

**TEMPÉRATURES
MAXIMALES MOYENNES**
Printemps : 15,2 °C
Été : 27,3 °C
Automne : 17,6 °C
Hiver : 4,5 °C

SAISON DES PLUIES
Avril

NOS PLATS PRÉFÉRÉS
Cheeseburger et frites
Bagel multigrain au *cream
cheese*
Sandwich au pastrami

OPTIONS VEGGIE
Part de pizza
Wrap aux falafels

New York : pour nous, la ville où tout a commencé. Il y a quelques années, nous sommes allés voir un ami qui vivait dans «la grosse pomme» et avons remarqué qu'il s'y passait de drôles de choses : il y avait des boutiques de tricot partout, où l'on vendait des laines incroyablement épaisses dans des couleurs *flashy* (*OMG*), les gens tricotaient en groupes dans les cafés... Nous avons même vu une femme qui tricotait dans le métro !

Découvrir New York a clairement été une révélation pour nous, en ce que rien de ce que nous avons vu là-bas n'avait cours chez nous. Ce voyage date d'il y a plus de dix ans, quand le tricot n'était pas aussi populaire que maintenant, pourtant nous devions bien l'admettre : sous nos yeux, il y avait bien des gens en train de tricoter, et ce, dans les endroits les plus incongrus de l'une des villes les plus grandes et les plus cosmopolites du monde.

New York a toujours été pour nous une grande source de *#knitspiration*. Nous avons même repris les noms de certains de ses monuments les plus emblématiques pour baptiser une collection entière de nos kits. En fait, c'est un peu comme si nous vivions une histoire d'amour avec cette ville (c'est possible, ça ? Pour nous, oui, en tout cas), et à chaque séjour, nous avons l'impression de rentrer à la maison. À tous les New-Yorkais qui lisent ces lignes : c'est vous qui faites de cette ville un endroit génial.

Maintenant, faites un peu de place dans votre *wish list* tricot pour les trois modèles que nous avons photographiés dans la ville qui ne dort jamais. Honnêtement, nous pourrions les porter tout l'hiver : un cardigan cosy, une écharpe extra-large et un gros bonnet bien épais.

we are knitters

Cardigan Martina

NIVEAU
Intermédiaire

TAILLES
S [M, L, XL]

MESURES FINALES
106 [108, 112, 116] cm
pour le buste

FIL
Laine fine we are knitters
[100 % laine péruvienne,
140 m., 100 g.] : 6 [6, 7, 7]
pelotes Gris perle

AIGUILLES
Une paire d'aiguilles droites
de 8 mm (US 11)

Changez la taille d'aiguilles
si nécessaire pour ajuster
votre échantillon.

MERCERIE
5 arrête-mailles
Aiguille à laine

ÉCHANTILLON
12 mailles et 24 rangs =
10 cm en point mousse
(voir page 35)

● *Mailles*
○ *Rangs*

SCHÉMAS

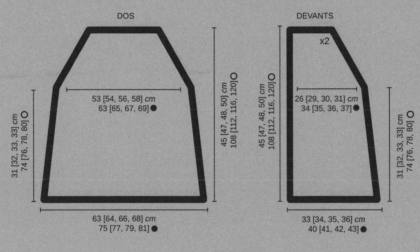

DOS

53 [54, 56, 58] *cm*
63 [65, 67, 69] ●

45 [47, 48, 50] *cm*
108 [112, 116, 120] ○

31 [32, 33, 33] *cm*
74 [76, 78, 80] ○

63 [64, 66, 68] *cm*
75 [77, 79, 81] ●

DEVANTS

x2

26 [29, 30, 31] *cm*
34 [35, 36, 37] ●

45 [47, 48, 50] *cm*
108 [112, 116, 120] ○

31 [32, 33, 33] *cm*
74 [76, 78, 80] ○

33 [34, 35, 36] *cm*
40 [41, 42, 43] ●

MANCHES

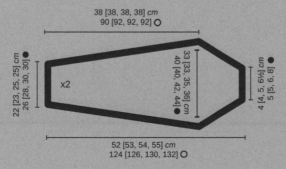

38 [38, 38, 38] *cm*
90 [92, 92, 92] ○

22 [23, 25, 25] *cm*
26 [28, 30, 30] ●

x2

33 [33, 35, 36] *cm*
40 [40, 42, 44] ●

4 [4, 5, 6½] *cm*
5 [5, 6, 8] ●

52 [53, 54, 55] *cm*
124 [126, 130, 132] ○

DÉMARRER L'OUVRAGE

DOS

Montez 75 [77, 79, 81] mailles.

Tricotez les rangs 1 à 74 [76, 78, 80] au point mousse, en diminuant comme indiqué ci-dessous :

Rang 1 et tous les rangs non détaillés : tricotez toutes les mailles à l'endroit.

Rangs 13, 23, 33, 43, 53 et 63 : tricotez 2 m. à l'endroit, tricotez 2 m. ensemble, tricotez à l'endroit jusqu'à ce qu'il ne reste plus que 4 m., tricotez 2 m. ensemble, tricotez les 2 dernières mailles à l'endroit. À la fin du rang 63, vous aurez 63 [65, 67, 69] mailles en tout.

Tricotez les rangs 75 [77, 79, 81] à 108 [112, 116, 120] au point mousse, et formez les emmanchures raglan comme indiqué ci-dessous.

TAILLE S

Rangs 75, 77, 79, 81 et 83 : répétez le rang 13. À la fin du rang 83, vous aurez 53 m.

Rang 76 et tous les rangs pairs : tricotez toutes les mailles à l'endroit.

Rang 85 : tricotez 2 m. à l'endroit, tricotez 2 m. ensemble, tricotez 2 m. ensemble, tricotez à l'endroit jusqu'à ce qu'il ne reste plus que 6 m., tricotez 2 m. ensemble, tricotez 2 m. ensemble, tricotez les 2 dernières m. à l'endroit. Vous aurez 49 m.

Rangs 87, 89, 91, 93, 95, 97, 99, 101, 103, 105 et 107 : répétez le rang 13. À la fin du rang 107, vous aurez 27 m. Laissez les mailles en attente sur un arrête-mailles.

TAILLE M

Rang 77 et tous les rangs impairs : répétez le rang 13. À la fin du rang 111, vous aurez 29 mailles en tout.

Rang 78 et tous les rangs pairs : tricotez toutes les mailles à l'endroit.

Laissez les mailles en attente sur un arrête-mailles.

TAILLE L

Rangs 79, 81, 83, 85, 87, 89, 91, 93 et 95 : répétez le rang 13. À la fin du rang 95, vous aurez 49 mailles en tout.

Rang 80 et tous les rangs pairs : tricotez toutes les mailles à l'endroit.

Rang 97 : tricotez toutes les mailles à l'endroit.

Rangs 99, 101, 103, 105, 107, 109, 111, 113 et 115 : répétez le rang 13. À la fin du rang 115, vous aurez 31 m.

Laissez les mailles en attente sur un arrête-mailles.

TAILLE XL

Rangs 81, 83, 85, 87, 89 et 91 : répétez le rang 13.

Rang 82 et tous les rangs pairs : tricotez toutes les mailles à l'endroit.

Rangs 95, 97, 99, 101 et 103 : répétez le rang 13.

Rang 105 : tricotez toutes les mailles à l'endroit.

Rangs 107, 109, 111, 113, 115, 117 et 119 : répétez le rang 13. À la fin du rang 119, vous aurez 33 mailles en tout.

Laissez les mailles en attente sur un arrête-mailles.

we are knitters

DEVANT GAUCHE

Montez 40 [41, 42, 43] mailles.

Tricotez les rangs 1 à 74 [76, 78, 80] au point mousse, en diminuant comme indiqué ci-dessous :

Rangs 13, 23, 33, 43, 53 et 63 : tricotez 2 m. à l'endroit, tricotez 2 m. ensemble, tricotez à l'endroit les m. restantes. À la fin du rang 63, vous aurez 34 [35, 36, 37] mailles en tout.

Tricotez les rangs 75 [77, 79, 81] à 108 [112, 116, 120] au point mousse, et formez les emmanchures raglan comme indiqué ci-dessous.

DEVANT DROIT

Montez 40 [41, 42, 43] mailles.

Rangs 1 à 108 [112, 116, 121] : tricotez comme pour le devant gauche.

Rang 109 [113, 117, 121] : tricotez à l'endroit.

Laissez les mailles en attente.

TAILLE S

Rangs 75, 77, 79, 81 et 83 : répétez le rang 13. À la fin du rang 83, vous aurez 29 m. Rang 76 et tous les rangs pairs : tricotez toutes les mailles à l'endroit.

Rang 85 : tricotez 2 m. à l'endroit, tricotez 2 m. ensemble, tricotez 2 m. ensemble, tricotez à l'endroit les m. restantes. Vous aurez 27 m. en tout.

Rangs 87, 89, 91, 93, 95, 97, 99, 101, 103, 105 et 107 : répétez le rang 13. À la fin du rang 107, vous aurez 16 m. en tout.

Laissez les mailles en attente sur un arrête-mailles.

TAILLE M

Rang 77 et tous les rangs impairs : répétez le rang 13. À la fin du rang 111, vous aurez 17 mailles en tout. Rang 78 et tous les rangs pairs : tricotez toutes les mailles à l'endroit.

Laissez les mailles en attente sur un arrête-mailles.

TAILLE L

Rangs 79, 81, 83, 85, 87, 89, 91, 93 et 95 : répétez le rang 13. À la fin du rang 95, vous aurez 27 mailles en tout. Rang 80 et tous les rangs pairs : tricotez toutes les mailles à l'endroit.

Rang 97 : tricotez toutes les mailles à l'endroit.

Rangs 99, 101, 103, 105, 107, 109, 111, 113 et 115 : répétez le rang 13. À la fin du rang 115, vous aurez 18 m. Laissez les mailles en attente sur un arrête-mailles.

TAILLE XL

Rangs 81, 83, 85, 87, 89, 91, 95, 97, 99, 101 et 103 : répétez le rang 13. À la fin du rang 103, vous aurez 26 m. en tout.

Rang 82 et tous les rangs pairs : tricotez toutes les mailles à l'endroit.

Rang 105 : tricotez toutes les mailles à l'endroit.

Rangs 107, 109, 111, 113, 115, 117 et 119 : répétez le rang 13. À la fin du rang 119, vous aurez 19 m. en tout. Laissez les mailles en attente sur un arrête-mailles.

MANCHES

Suivez les instructions suivantes deux fois pour réaliser les manches.
Montez 26 [28, 30, 30] mailles.
Tricotez les rangs 1 à 90 [92, 92, 92] au point mousse, en faisant les augmentations suivantes :

TAILLE S

Rangs 13, 25, 37, 49, 61, 73 et 85 : tricotez 1 m. à l'endroit, faites 1 augmentation, tricotez à l'endroit jusqu'à ce qu'il ne reste plus qu'1 m., faites 1 augmentation, tricotez la dernière m. à l'endroit. À la fin du rang 90, vous aurez 40 mailles en tout.

TAILLE M

Rangs 13, 29, 43, 59, 75 et 91 : tricotez 1 m. à l'endroit, faites 1 augmentation, tricotez à l'endroit jusqu'à ce qu'il ne reste plus qu'1 m., faites 1 augmentation, tricotez la dernière m. à l'endroit. À la fin du rang 92, vous aurez 40 m. en tout.

TAILLE L

Rangs 13, 29, 43, 59, 75 et 91 : tricotez 1 m. à l'endroit, faites 1 augmentation, tricotez à l'endroit jusqu'à ce qu'il ne reste plus qu'1 m., faites 1 augmentation, tricotez la dernière m. à l'endroit. À la fin du rang 92, vous aurez 42 m. en tout.

TAILLE XL

Rangs 13, 21, 29, 43, 59, 75 et 91 : tricotez 1 m. à l'endroit, faites 1 augmentation, tricotez à l'endroit jusqu'à ce qu'il ne reste plus qu'1 m., faites 1 augmentation, tricotez la dernière m. à l'endroit. À la fin du rang 92, vous aurez 44 mailles en tout.

POUR TOUTES LES TAILLES

Tricotez les rangs 91 [93, 93, 93] à 124 [128, 130, 132] au point mousse, et formez les emmanchures raglan comme indiqué ci-dessous :

TAILLE S

Rangs 91, 93, 95, 97 et 99 : tricotez 2 m. à l'endroit, tricotez 2 m. ensemble, tricotez à l'endroit jusqu'à ce qu'il ne reste plus que 4 m., tricotez 2 m. ensemble, tricotez les 2 dernières m. à l'endroit. À la fin du rang 99, vous aurez 30 m. en tout.
Rang 92 et rangs pairs : tr. toutes les mailles à l'endroit.
Rang 101 : tricotez 2 m. à l'endroit, tr. 2 m. ensemble, tr. 2 m. ensemble, tricotez à l'endroit jusqu'à ce qu'il ne reste plus que 6 m., tricotez 2 m. ensemble, tricotez 2 m. ensemble, tricotez les 2 dernières m. à l'endroit. Vous aurez 26 m. en tout.
Rangs 103, 105, 107, 109, 111, 113, 115, 117, 119 et 121 : tricotez 2 m. à l'endroit, tricotez 2 m. ensemble, tricotez à l'endroit jusqu'à ce qu'il ne reste plus que 4 m., tricotez 2 m. ensemble, tricotez les 2 dernières m. à l'endroit. À la fin du rang 121, vous aurez 6 m.
Rang 123 : tr. 2 m. à l'endroit, tr. 2 m. ensemble, tr. 2 m. à l'endroit. Il vous reste 5 m. Laissez les m. en attente.

TAILLE M

Rangs 93 et tous les rangs impairs jusqu'à 125 : tr. 2 m. à l'endroit, tr. 2 m. ensemble, tr. à l'endroit jusqu'à ce qu'il ne reste plus que 4 m., tr. 2 m. ensemble, tr. les 2 dernières m. à l'endroit. À la fin du rang 125, vous aurez 6 m. en tout.
Rang 94 et rangs pairs : tr. toutes les mailles à l'endroit.
Rang 127 : tr. 2 m. à l'endroit, tr. 2 m. ensemble, tr. 2 m. à l'endroit. Il vous reste 5 m. Laissez les m. en attente.

TAILLE L

Rangs 93, 95, 97, 99, 101, 103, 105, 107 et 109 : tr. 2 m. à l'endroit, tr. 2 m. ensemble, tr. à l'endroit jusqu'à ce qu'il ne reste plus que 4 m., tr. 2 m. ensemble, tr. les 2 dernières m. à l'endroit. À la fin du rang 109, vous aurez 24 m. en tout.
Rang 94 et rangs pairs : tr. toutes les mailles à l'endroit.
Rang 111 : tricotez à l'endroit.
Rangs 113, 115, 117, 119, 121, 123, 125, 127 et 129 : tr. 2 m. à l'endroit, tr. 2 m. ensemble, tr. à l'endroit jusqu'à ce qu'il ne reste plus que 4 m., tr. 2 m. ensemble,

tr. les 2 dernières m. à l'endroit. À la fin du rang 129, il vous restera 6 mailles. Laissez les m. en attente.

TAILLE XL

Rangs 93, 95, 97, 99, 101 et 103 : tricotez 2 m. à l'endroit, tricotez 2 m. ensemble, tricotez à l'endroit jusqu'à ce qu'il ne reste plus que 4 m., tr. 2 m. ensemble, tricotez les 2 dernières m. à l'endroit. À la fin du rang 103, vous aurez 32 m. en tout.
Rang 94 et rangs pairs : tr. toutes les mailles à l'endroit.
Rang 105 : tricotez à l'endroit.
Rangs 107, 109, 111, 113 et 115 : tr. 2 m. à l'endroit, tr. 2 m. ensemble, tr. à l'endroit jusqu'à ce qu'il ne reste plus que 4 m., tr. 2 m. ensemble, tricotez les 2 dernières m. à l'endroit. À la fin du rang 115, vous aurez 22 m. en tout.
Rang 117 : tricotez à l'endroit.
Rangs 119, 121, 123, 125, 127, 129 et 131 : tricotez 2 m. à l'endroit, tr. 2 m. ensemble, tricotez à l'endroit jusqu'à ce qu'il ne reste plus que 4 m., tricotez 2 m. ensemble, tricotez les 2 dernières m. à l'endroit. À la fin du rang 131, vous aurez 8 mailles. Laissez les m. en attente.

ENCOLURE
Placez toutes les parties sur l'aiguille dans l'ordre indiqué, l'endroit face à vous : devant gauche, première manche, dos, seconde manche, et devant droit.

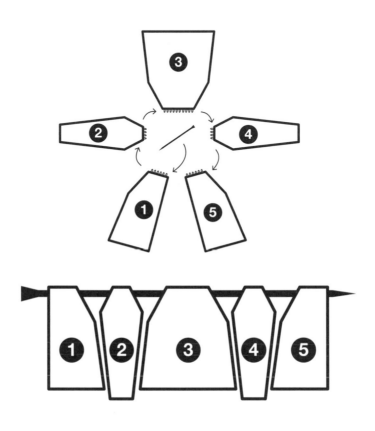

Rang 1 : tr. 15 [16, 17, 18] m., tr. 2 m. ensemble, tr. 3 [3, 4, 6] m., tr. 2 m. ensemble, tr. 25 [27, 29, 31] m., tr. 2 m. ensemble, tr. 3 [3, 4, 6] m., tr. 2 m. ensemble, tr. 15 [16, 17, 18] m. Vous aurez 65 [69, 75, 83] m. endroit en tout.

Rangs 2 et 4 : tr. à l'endroit.

Rang 3 : tr. 14 [15, 16, 17] m., tr. 2 m. ensemble, tr. 3 [3, 4, 6] m., tr. 2 m. ensemble, tr. 23 [25, 27, 29] m., tr. 2 m. ensemble, tr. 3 [3, 4, 6] m., tr. 2 m. ensemble, tr. 14 [15, 16, 17] m. Vous aurez 61 [65, 71, 79] mailles en tout.
Rang 5 : tr. 13 [14, 15, 16] m., tr. 2 m. ensemble, tr. 3 [3, 4, 6] m., tr. 2 m. ensemble,

tr. 21 [23, 25, 27] m., tr. 2 m. ensemble, tr. 3 [3, 4, 6] m., tr. 2 m. ensemble, tr. 13 [14, 15, 16] m. Vous aurez 57 [61, 67, 75] mailles en tout.
Rabattez toutes les mailles.

Les modèles — New York

FINITIONS

Assemblez les manches avec les devants et le dos : en utilisant la même laine que celle de votre ouvrage, passez le fil dans une aiguille à laine et passez-la au centre de la première maille de la manche, puis dans la deuxième, par l'arrière. Passez ensuite l'aiguille dans la première maille du devant, puis dans la deuxième, par l'arrière. Continuez ainsi, en alternant entre la manche et le devant. Faites de même pour assembler les autres pièces.

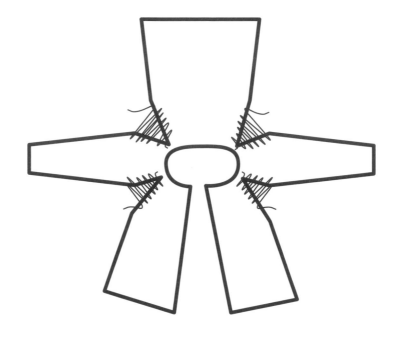

Réalisez les coutures latérales et du dessous des manches au point de matelas (voir page 56). Rentrez tous les fils en les tissant sous les mailles, sur l'envers, sur quelques centimètres. Coupez l'excédent.

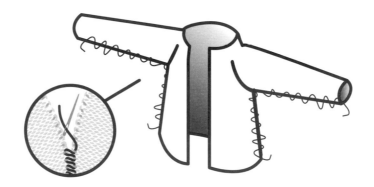

we are knitters

Écharpe Viti

NIVEAU
Intermédiaire

MESURES FINALES
23 cm de large x 218 cm
de long, sans compter
les franges

FIL
Laine fine we are knitters
[100 % laine péruvienne,
140 m., 100 g.] : 4 pelotes
Bleu chiné

AIGUILLES
Une paire d'aiguilles droites
de 8 mm (US 11)

Changez la taille d'aiguilles
si nécessaire pour ajuster
votre échantillon.

MERCERIE
Aiguille à torsade
Aiguille à laine

ÉCHANTILLON
12 mailles et 18 rangs =
10 cm en point mousse
(voir page 35)

● *Mailles*
○ *Rangs*

we are knitters

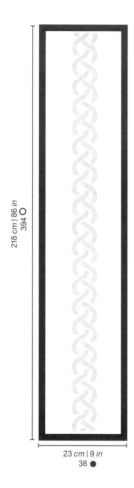

218 cm | 86 in
394 ○

23 cm | 9 in
38 ●

DÉMARRER L'OUVRAGE

Montez 38 mailles.

Rangs 1, 2, 3 et 4 : tricotez 10 mailles à l'endroit, *tricotez 3 m. à l'endroit, tricotez 3 m. à l'envers*; répétez la séquence entre * et * jusqu'à ce qu'il vous reste 10 mailles, puis tricotez à l'endroit jusqu'à la fin du rang.

Rang 5 : tricotez 10 mailles à l'endroit, faites glisser 6 m. sur l'aiguille à torsade et laissez-les en attente *devant* votre ouvrage, tricotez 3 m. à l'endroit, tricotez 3 m. à l'envers, replacez les mailles en attente de votre aiguille à torsade sur l'aiguille de gauche, tricotez 3 m. à l'endroit, tricotez 3 m. à l'envers, tricotez 3 m. à l'endroit, tricotez 3 m. à l'envers, puis tricotez à l'endroit jusqu'à la fin du rang.

Rangs 6, 7 et 8 : répétez le rang 1.

Rang 9 : tricotez 13 mailles à l'endroit, tricotez 3 m. à l'envers, faites glisser 6 m. sur l'aiguille à torsade et laissez-les en attente *derrière* votre ouvrage, tricotez 3 m. à l'endroit, tricotez 3 m. à l'envers, replacez les mailles en attente de votre aiguille à torsade sur l'aiguille de gauche, tricotez 3 m. à l'endroit, tricotez 3 m. à l'envers, puis tricotez à l'endroit jusqu'à la fin du rang.

Répétez les rangs 2 à 9 jusqu'à ce que vous ayez tricoté 394 rangs.

Rabattez toutes les mailles.

FINITIONS

Rentrez tous les fils en les tissant sous les mailles, sur l'envers, sur quelques centimètres. Coupez l'excédent.

Franges :

Coupez des morceaux de laine d'environ 30 cm de long et nouez-les au niveau des extrémités de l'écharpe.

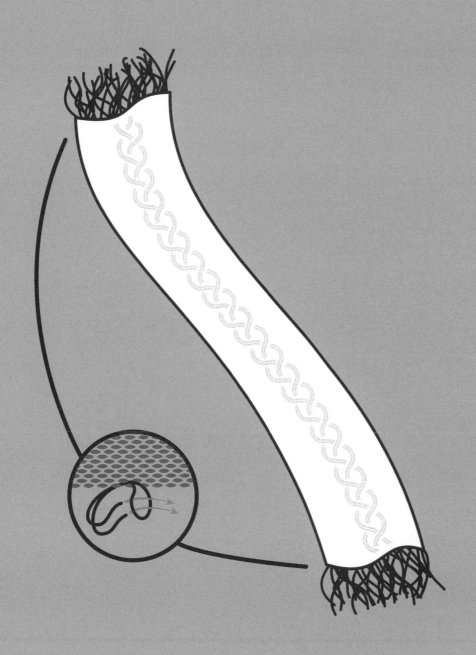

Les modèles — New York

Bonnet Akan

NIVEAU
Intermédiaire

TAILLES
Taille unique

MESURES FINALES
69 cm de circonférence
en bordure

FIL
Grosse laine we are
knitters [100 % laine
péruvienne, 80 m., 200 g.] :
1 pelote Jean

AIGUILLES
Une paire d'aiguilles droites
de 15 mm (US 19)

Changez la taille d'aiguilles
si nécessaire pour ajuster
votre échantillon.

MERCERIE
Aiguille à torsade
Aiguille à laine
2 disques de carton de
10 cm de diamètre environ,
avec un trou de 5 cm
au centre
Ciseaux

ÉCHANTILLON
6 mailles et 8 rangs =
10 cm en point jersey
(voir page 36)

● *Mailles*
○ *Rangs*

SCHÉMAS

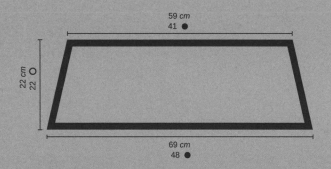

59 *cm*
41 ●

22 *cm*
22 ○

69 *cm*
48 ●

DÉMARRER L'OUVRAGE

Montez 48 mailles.

Rang 1 et tous les rangs impairs : tricotez 1 m. à l'envers, *faites glisser 2 m. sur l'aiguille à torsade et laissez-les en attente *devant* votre ouvrage, tr. 2 m. à l'endroit, replacez les mailles en attente sur l'aiguille de gauche, tr. 2 m. à l'endroit, tr. 2 m. à l'envers*; répétez la séquence entre * et * jusqu'à ce qu'il vous reste 5 mailles, faites glisser 2 m. sur l'aiguille à torsade et laissez-les en attente *devant* votre ouvrage, tr. 2 m. à l'endroit, replacez les mailles en attente sur l'aiguille de gauche, tr. 2 m. à l'endroit, tr. 1 m. à l'envers.

Rang 2 et tous les rangs pairs : tr. 1 m. à l'endroit, tr. 4 m. à l'envers, *tr. 2 m. à l'endroit, tr. 4 m. à l'envers*; répétez la séquence entre * et * jusqu'à ce qu'il vous reste 1 m. et tricotez-la à l'endroit.

Répétez les rangs 1 et 2 jusqu'à ce que vous ayez 18 rangs.

Rang 19 : tr. 1 m. à l'envers, *faites glisser 2 m. sur l'aiguille à torsade et laissez-les en attente *devant* votre ouvrage, tr. 2 m. à l'endroit, replacez les mailles en attente sur l'aiguille de gauche, tr. 2 m. à l'endroit, tr. 2 m. ensemble à l'envers*; répétez la séquence entre * et * jusqu'à ce qu'il vous reste 5 mailles, faites glisser 2 m. sur l'aiguille à torsade et laissez-les en attente *devant* votre ouvrage, tr. 2 m. à l'endroit, replacez les mailles en attente sur l'aiguille de gauche, tr. 2 m. à l'endroit, tr. 1 m. à l'envers. Vous aurez 41 m.

Rangs 20 et 22 : *tr. 1 m. à l'endroit, tr. 4 m. à l'envers*; répétez la séquence entre * et * jusqu'à ce qu'il vous reste 1 m. et tricotez-la à l'envers.

Rang 21 : *tr. 1 m. à l'envers, faites glisser 2 m. sur l'aiguille à torsade et laissez-les en attente *devant* votre ouvrage, tr. 2 m. à l'endroit, replacez les mailles en attente sur l'aiguille de gauche, tr. 2 m. à l'endroit*; répétez la séquence entre * et * jusqu'à ce qu'il vous reste 1 m. et tricotez-la à l'envers.

FINITIONS

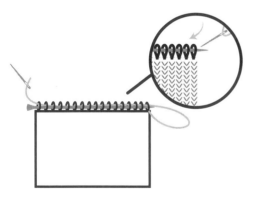

Coupez la laine en gardant suffisamment de fil pour coudre le haut du bonnet et un peu plus. Passez le fil dans une aiguille à laine puis faites-le passer dans toutes les mailles de l'aiguille, avant de retirer celle-ci.

Tirez doucement pour refermer le haut du bonnet.

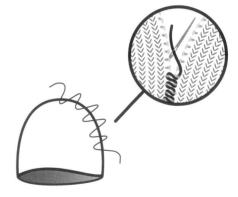

Réalisez la couture latérale au point de matelas (voir page 56).
Rentrez tous les fils en les tissant sous les mailles, sur l'envers, sur quelques centimètres. Coupez l'excédent.

we are knitters

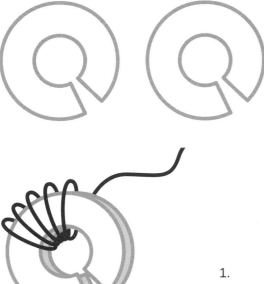

1.
Faites une petite ouverture sur les anneaux de carton. Maintenez-les tous les deux ensemble et entourez-les de laine de sorte à les recouvrir complètement.

2.
Faites passer les ciseaux entre les deux disques afin de couper la laine tout autour.

3.
Écartez légèrement les deux disques et nouez solidement le pompon avec un fil d'environ 60 cm de long. Retirez complètement les disques de carton.

4.
Égalisez le pompon avec les ciseaux pour obtenir une forme bien ronde, en gardant toute la longueur du fil utilisé pour serrer le pompon. Utilisez ce fil pour le coudre sur le bonnet.

Les modèles — New York

Madrid

OÙ TRICOTER?

Parc du Retiro : le plus grand parc de la ville. L'endroit idéal pour se balader ou pour une sortie en bateau sur le lac. Vous pouvez aussi tout simplement vous étendre à l'ombre des arbres et... faire une petite sieste !

Círculo de Bellas Artes : fondé en 1880, c'est un centre artistiques où poètes, écrivains et autres peintres se retrouvaient il y a plus d'un siècle. Il est doté d'une grande terrasse, parfaite pour se détendre, prendre un café et, pourquoi pas, pour tricoter.

Malasaña : un quartier très en vogue, qui regorge de boutiques branchées, de restaurants et de bars. Nous vous conseillons de vous y rendre en journée, mais aussi d'y revenir à la nuit tombée : c'est toujours très animé.

TEMPÉRATURES MAXIMALES MOYENNES

Printemps : 18,5 °C
Été : 30,6 °C
Automne : 20,3 °C
Hiver : 11,0 °C

SAISON DES PLUIES

Mars et avril

NOS PLATS PRÉFÉRÉS

Paella
Huevos rotos
Croquetas

OPTIONS VEGGIE

Gaspacho
Tortilla de patatas

Madrid! Notre fief adoré et le siège du quartier général de WAK! Depuis nos débuts, la scène créative madrilène a beaucoup changé. Au départ, on ne peut pas dire qu'il s'y passait grand-chose... Mais au fil des ans, de nombreuses boutiques de tricot ou de créateurs indépendants ont fleuri partout en ville, et il n'est désormais plus rare de voir des rassemblements tricot dans des quartiers branchés comme Malasaña ou Salesas.

L'Espagne a toujours eu une forte culture de l'artisanat et du travail manuel (par exemple, la confection de mantilles en Andalousie, d'espadrilles dans les îles Baléares, ou de dentelle aux fuseaux en Castille, le tout fait à la main par des artisans locaux). Nous sommes fiers d'appartenir à ce mouvement qui vise à transmettre cette tradition de la création aux nouvelles générations.

Si vous nous demandez ce qui rend la ville de Madrid unique et formidable (à part son ciel toujours bleu), nous vous répondrons : ses habitants. On entend souvent qu'on peut arriver à Madrid tout seul, mais qu'on en repart toujours avec toute une flopée d'*amigos* pour la vie. Croyez-nous, c'est strictement exact! Nous avons eu tellement d'occasions de voir de parfaits inconnus devenir les meilleurs amis du monde au cours d'une soirée tricot. Peut-être que la sangria avait sa part de responsabilité là-dedans – mais, même sans cela, les Madrilènes accueillent toujours tout le monde à bras ouverts.

Dans ce chapitre, nous vous présentons trois modèles tout aussi chaleureux : une écharpe, un *headband* et un coussin.

Les modèles — Madrid

Écharpe Encina

NIVEAU
Facile

MESURES FINALES
213 cm pour le côté le plus
long x 80 cm pour l'axe
central

FIL
Meriwool we are knitters
[100 % mérinos, 136 m.,
100 g.] :
6 pelotes Moutarde

AIGUILLES
Une paire d'aiguilles droites
de 5 mm (US 8)

Changez la taille d'aiguilles
si nécessaire pour ajuster
votre échantillon.

MERCERIE
1 marqueur de mailles
Aiguille à laine

ÉCHANTILLON
16 mailles et 18 rangs =
10 cm en point jersey
(voir page 36)

● *Mailles*
○ *Rangs*

Les modèles — Madrid

TECHNIQUES REQUISES

Augmentation avec jeté :
voir page 47.

Tricoter 3 mailles dans une maille :
il s'agit d'une double augmentation.
Piquez l'aiguille et formez une boucle
avec le fil comme pour tricoter une
maille endroit, mais sans faire tomber
la maille de l'aiguille gauche. Ramenez
le fil de laine sur le devant et piquez la
maille comme pour tricoter une maille
à l'envers, en formant une nouvelle
boucle sur l'aiguille droite. Pour finir,
ramenez le fil sur l'arrière et tricotez
une nouvelle fois la maille à l'endroit.
Vous pouvez alors laisser tomber la
maille d'origine de l'aiguille gauche :
vous aurez alors 3 mailles sur l'aiguille
droite.

DÉMARRER L'OUVRAGE

Montez 1 maille.
Rang 1 : tricotez 3 mailles dans
1 maille. Vous aurez 3 m. en tout.
Rang 2 : tr. 1 m. à l'endroit, tr. 3 m.
dans 1 m., tr. 1 m. à l'endroit. Vous
aurez 5 m. en tout.
Rang 3 : tr. 2 m. à l'endroit, faites une
augmentation avec jeté, tr. 1 m. à
l'endroit, faites une augmentation avec
jeté, tr. 2 m. à l'endroit. Vous aurez
7 m. en tout.
Rangs 4, 6, 8, 10 et 12 : tr. à l'endroit.
Rang 5 : tr. 3 m. à l'endroit, faites une
augmentation avec jeté, tr. 1 m. à
l'endroit, faites une augmentation avec
jeté, tr. 3 m. à l'endroit. Vous aurez
9 m. en tout.
Rang 7 : tr. 3 m. à l'endroit, faites
une augmentation avec jeté, tr. 1 m.
à l'endroit, faites une augmentation
avec jeté, placez un marqueur de
mailles, tr. 1 m. à l'endroit, faites une
augmentation avec jeté, tr. 1 m. à
l'endroit, faites une augmentation avec
jeté, tr. 3 m. à l'endroit. Vous aurez
13 m. en tout.
Rang 9 et tous les rangs impairs

restants : tr. 3 m. à l'endroit, faites une
augmentation avec jeté, tr. à l'endroit
jusqu'au marqueur de mailles, faites
une augmentation avec jeté, faites
passer le marqueur de mailles sur
l'aiguille droite, tr. 1 m. à l'endroit,
faites une augmentation avec jeté, tr.
à l'endroit jusqu'à avoir 3 m. restantes,
faites une augmentation avec jeté, tr.
3 m. à l'endroit.
Rangs 14 et 16 : tr. 3 m. à l'endroit,
tr. à l'envers jusqu'à la m. précédant
le marqueur de mailles, tr. 1 m. à
l'endroit, faites passer le marqueur sur
l'aiguille droite, tr. à l'envers jusqu'à
avoir 3 m. restantes, tr. 3 m. à l'endroit.
Rangs 18, 20 et 22 : tr. à l'endroit.
Rangs 24 et 26 : tr. 3 m. à l'endroit,
tr. à l'envers jusqu'à la m. précédant
le marqueur de mailles, tr. 1 m. à
l'endroit, faites passer le marqueur sur
l'aiguille droite, tr. à l'envers jusqu'à
avoir 3 m. restantes, tr. 3 m. à l'endroit.
Répétez les rangs 17 à 26 jusqu'à
avoir tricoté 172 rangs en tout. Vous
aurez 341 m. au total.
Rabattez toutes les mailles.

FINITIONS

Rentrez tous les fils en les tissant sous
les mailles, sur l'envers, sur quelques
centimètres. Coupez l'excédent.

we are knitters

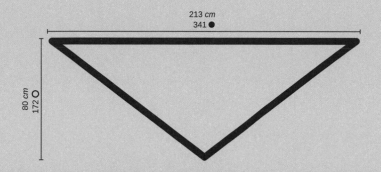

213 *cm*
341 ●

80 *cm*
172 ○

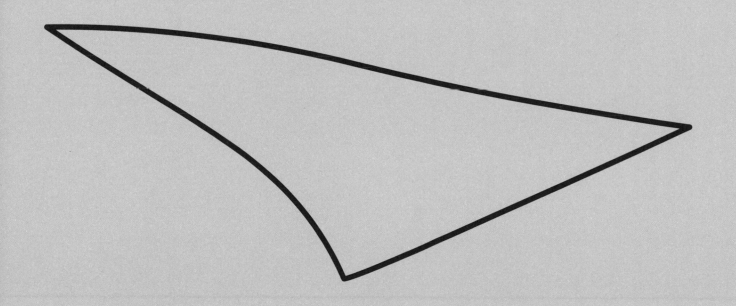

Les modèles — Madrid

Headband Olmo

NIVEAU
Facile

TAILLES
Taille unique

MESURES FINALES
4 cm de large x 49 cm
de long

FIL
Laine fine we are knitters
[100 % laine péruvienne,
140 m., 100 g.] : 1 pelote
Beige chiné

AIGUILLES
Une paire d'aiguilles droites
de 8 mm (US 11)

Changez la taille d'aiguilles
si nécessaire pour ajuster
votre échantillon.

MERCERIE
3 arrête-mailles
Aiguille à laine

ÉCHANTILLON
12 mailles et 16 rangs =
10 cm en point jersey
(voir page 36)

REMARQUE
Ce bandeau est constitué
de 3 bandes tricotées

séparément à partir
d'un seul et même rang,
monté au départ ; elles
sont ensuite tressées et
cousues ensemble.
Sur la photo, le modèle
est réalisé avec des I-cord
(voir instructions page 77,
étape 6).

● *Mailles*
○ *Rangs*

SCHÉMAS

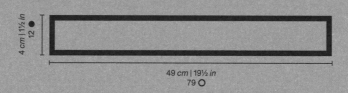

4 *cm* | 1½ *in*
12 ●

49 *cm* | 19½ *in*
79 ○

DÉMARRER L'OUVRAGE

Montez 12 mailles.

Rang 1 : tricotez 4 m. à l'endroit.

Pour la suite, vous n'allez former votre I-cord qu'à partir de ces 4 mailles, les mailles restantes étant laissées en attente sur un arrête-maille.

Rangs 2 – 78 : ne retournez jamais votre ouvrage. Faites glisser les 4 mailles que vous venez de travailler de l'aiguille droite sur l'aiguille gauche. Tricotez 4 m. à l'endroit.

Laissez ces 4 mailles en attente sur un arrête-maille.

Piquez votre aiguille dans les 4 mailles suivantes parmi celles que vous avez laissées en attente au début de votre ouvrage ; les 4 dernières mailles restent en attente. Répétez les rangs 2 à 78 avec ces 4 mailles.

Laissez ces 4 mailles en attente sur un arrête-maille.

Piquez votre aiguille dans les 4 dernières mailles restées en attente depuis le début. Répétez les rangs 2 à 78 avec ces 4 mailles.

Tressez les trois bandes.

Rang 79 : placez les 12 mailles sur une aiguille et tricotez 1 rang à l'endroit. Rabattez toutes les mailles.

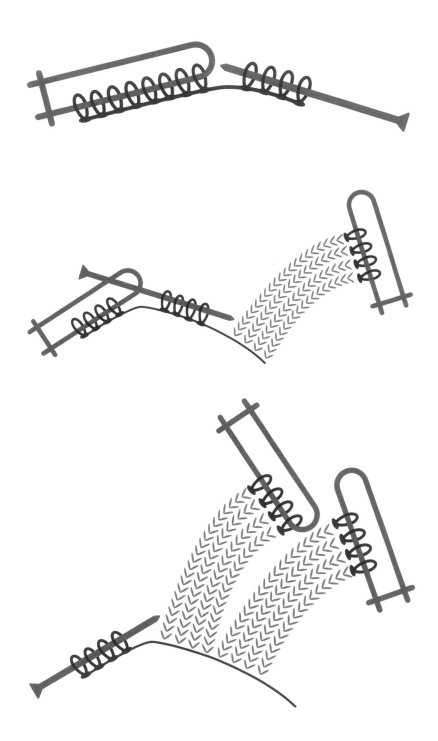

we are knitters

FINITIONS

Assemblez les extrémités : passez un fil de la laine utilisée pour votre projet dans une aiguille à laine et cousez en zigzag, en piquant alternativement les mailles de chaque extrémité du bandeau, comme sur le schéma ci-contre.

Rentrez tous les fils en les tissant sous les mailles, sur l'envers, sur quelques centimètres. Coupez l'excédent.

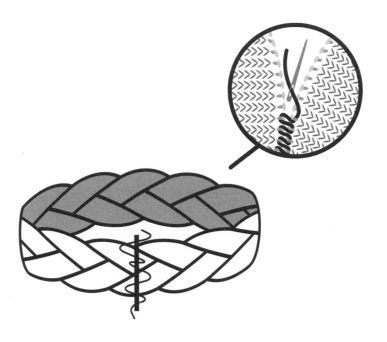

Coussin Pino

NIVEAU
Débutant

MESURES FINALES
45 cm de côté

FIL
Grosse laine we are knitters [100 % laine péruvienne, 80 m., 200 g.] : 3 pelotes Gris chiné

AIGUILLES
Une paire d'aiguilles droites de 15 mm (US 19)

Changez la taille d'aiguilles si nécessaire pour ajuster votre échantillon.

MERCERIE
Aiguille à laine
Coussin de 46 cm de côté ou rembourrage
Crochet de 15 mm (US P/Q) ou légèrement plus petit, pour les franges (facultatif)

ÉCHANTILLON
6 mailles et 9 rangs = 10 cm en point jersey (voir page 36)

● *Mailles*
○ *Rangs*

131

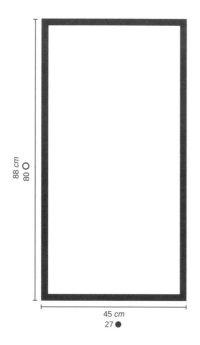

88 cm
80 ○

45 cm
27 ●

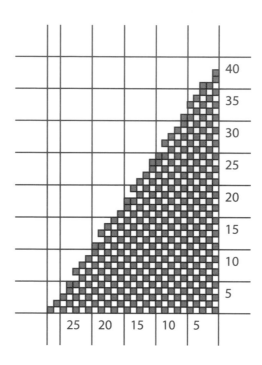

40

35

30

25

20

15

10

5

25 20 15 10 5

REMARQUE : les cases grises indiquent les emplacements des nœuds pour les franges.

DÉMARRER L'OUVRAGE

Montez 27 mailles.
Rangs 1 – 80 :
tricotez en point de jersey.
Rabattez toutes les mailles.

FINITIONS

Pliez la pièce en deux envers contre envers comme indiqué ci-dessous. Passez un fil de la laine utilisée pour votre projet dans une aiguille à laine et cousez les bords de la housse en zigzag comme indiqué ci-dessous.

Garnissez votre housse avec un coussin, du rembourrage, ou même vos fins de pelotes jusqu'à obtenir la forme et l'épaisseur souhaitées.

Cousez pour refermer votre coussin.

Faites un nœud puis glissez les fils à l'intérieur du coussin pour les cacher.

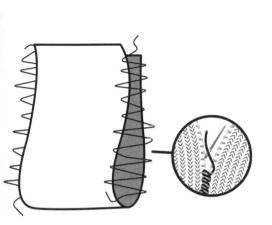

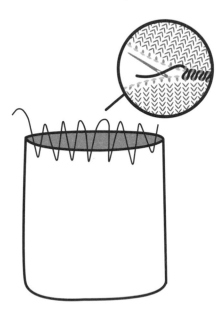

FRANGES

Coupez des longueurs de fil d'environ 20 cm et nouez-les sur le coussin aux endroits indiqués sur le schéma. Passez le crochet sous la maille pour attraper la boucle, puis faites glisser les deux extrémités du fil dans la boucle avant de serrer.

Carthagène
des Indes

OÙ TRICOTER ?
La Cevichería : un bon
restaurant avec terrasse
en plein air. L'endroit rêvé pour
prendre un verre et quelques
amuse-bouches quand
il commence à faire trop chaud.

Café del Mar : un bar
en extérieur avec une vue
incroyable sur l'océan.
L'ambiance musicale est
un parfait mélange de musique
latino et d'électro *chill*.
Le meilleur moment pour vous
y rendre : le coucher du soleil.

Getsemaní : probablement
le secteur le plus branché
de la ville. D'ailleurs, il sera
sans doute bondé de gens
du coin quand vous vous
y rendrez. Ses petites maisons
colorées, ses restaurants
et ses bars en font aussi l'un
des endroits les plus agréables
à visiter en ville.

**TEMPÉRATURES
MAXIMALES MOYENNES**
Printemps : 31,3 °C
Été : 31,8 °C
Automne : 31,3 °C
Hiver : 31,0 °C

SAISON DES PLUIES
De septembre à octobre

NOS PLATS PRÉFÉRÉS
Arepas
Ajiaco
Bandeja paisa

OPTIONS VEGGIE
Arroz de coco

Soyons honnêtes : WAK n'a aucun rapport direct avec la Colombie. Ce qui ne veut pas dire que nous n'appréciions pas toute la beauté qu'elle renferme ! Les âmes créatives savent se reconnaître lorsqu'elles se rencontrent, et c'est ce qui se produit quand vous vous rendez en Colombie, et en particulier à Carthagène des Indes.

D'abord, il y a leur artisanat : vous pouvez tout trouver là-bas, depuis les *mochilas* aux sombreros *vueltiaos*, des ponchos aux céramiques, mais aussi l'orfèvrerie en filigrane de Mompox ou des paniers en *werregue.* Il y a tant de choses à découvrir là-bas !

Ensuite, il y a les couleurs ! Comme beaucoup de villes d'Amérique du Sud, Carthagène est telle une explosion multicolore. La plupart des bâtiments ont un ou deux étages, et chacun est peint dans une nuance différente. Ajoutez à ces teintes vives la beauté des bougainvillées géantes et votre vie en sera transformée à jamais. Le cœur de la ville, un quartier à la mode du nom de Getsemaní, illustre parfaitement la magie de la juxtaposition des couleurs.

Enfin, il y a le style de vie. En Colombie, l'ambiance est tellement détendue qu'il est impossible de ne pas l'être soi-même quand on s'y trouve ! Peut-être est-ce dû au climat chaud et humide tout au long de l'année ? Ou alors aux mojitos, servis à peu près partout ? On ne le saura jamais, car il semble que vous ne puissiez pas avoir l'un sans avoir l'autre...

Ne vous attendez pas à trouver des modèles bien chaud et épais dans ce chapitre : nous vous proposons plutôt deux hauts super légers et frais, à réaliser en coton. Ils vous faciliteront la vie (*vraiment* — croyez-nous) quand vous partirez en vacances au soleil.

136

Débardeur L.A.

NIVEAU
Intermédiaire

TAILLES
S [M, L, XL]

MESURES FINALES
88 [96, 104, 112] cm
pour le buste

FIL
Coton Pima we are knitters
[100 % coton Pima, 212 m,
100 g.] : 2 [2, 3, 3] pelotes
Naturel

AIGUILLES
Une paire d'aiguilles droites
de 5 mm (US 8)

Changez la taille d'aiguilles
si nécessaire pour ajuster
votre échantillon.

MERCERIE
1 arrête-mailles
Aiguille à laine

ÉCHANTILLON
18 mailles et 23 rangs =
10 cm en jersey envers
(voir page 37)

● *Mailles*
○ *Rangs*

139

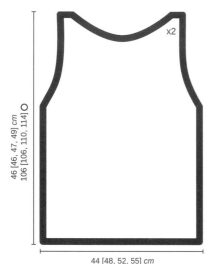

46 [46, 47, 49] *cm*
106 [106, 110, 114] ⭘

44 [48, 52, 55] *cm*
80 [88, 94, 100] ⬤

x2

DÉMARRER L'OUVRAGE

DEVANT

Montez 80 [88, 94, 100] mailles.
Tricotez les rangs 1 à 12 en côtes 1/1 (voir page 38).
Rangs 13 à 68 : tricotez en point jersey envers (les rangs impairs à l'envers et les rangs pairs à l'endroit).
Rangs 69 à 80 : continuez en jersey envers, en formant les emmanchures comme indiqué ci-dessous :
Rang 69 : rabattez 3 m., tr. à l'envers jusqu'à la fin. Vous aurez 77 [85, 91, 97] mailles en tout.
Rang 70 : rabattez 3 m., tr. à l'endroit jusqu'à la fin. Vous aurez 74 [82, 88, 94] mailles en tout.
Rangs 71, 73, 75 et 77 : rabattez 2 m., tr. à l'envers jusqu'à la fin. À la fin du rang 77, vous aurez 60 [68, 74, 80] m.
Rangs 72, 74, 76 et 78 : rabattez 2 m., tr. à l'endroit jusqu'à la fin. À la fin du rang 78, vous aurez 58 [66, 72, 78] m.
Rang 79 : rabattez 1 m., tr. à l'envers jusqu'à la fin. Vous aurez 57 [65, 71, 77] m. en tout.
Rang 80 : rabattez 1 m., tr. à l'endroit jusqu'à la fin. Vous aurez 56 [64, 70, 76] m. en tout.
Rangs 81 – 86 [86, 88, 90] : tricotez en point jersey inversé.
Rangs 87 [87, 89, 91] – 106 [106, 110, 114] : continuez en point jersey inversé, en formant l'encolure en deux fois comme indiqué ci-dessous.
Rang 87 [87, 89, 91] : tr. 22 [25, 26, 27] m. à l'envers, rabattez 12 [14, 18, 22] m., tr. la fin du rang à l'envers.
Gardez les 22 [25, 26, 27] premières m. en attente sur un arrête-mailles.

Rang 88 [88, 90, 92] et tous les rangs pairs : tr. à l'endroit.
Rang 89 [89, 91, 93] : rabattez 3 m., tr. à l'envers jusqu'à la fin du rang. Vous aurez 19 [22, 23, 24] m. en tout.
Rangs 91 [91, 93, 95], 93 [93, 95, 97], 95 [95, 97, 99] et 97 [97, 99, 101] : rabattez 2 m., tr. à l'envers jusqu'à la fin. À la fin du rang 97 [97, 99, 101], vous aurez 11 [14, 15, 16] mailles.
Rang 99 [99, 101, 103] et tous les rangs impairs : tr. à l'envers.
Une fois tricoté le dernier rang, rabattez les 11 [14, 15, 16] mailles.
Transférez les 22 [25, 26, 27] mailles en attente sur une aiguille et tricotez les rangs 88 [88, 90, 92] à 106 [106, 110, 114] en jersey inversé selon les indications ci-dessous :
Rang 88 [88, 90, 92] : rabattez 3 m., tr. à l'endroit jusqu'à la fin. Vous aurez 19 [22, 23, 24] m. sur l'aiguille.
Rang 89 [89, 91, 93] et tous les rangs impairs : tr. à l'envers.
Rangs 90 [90, 92, 94], 92 [92, 94, 96], 94 [94, 96, 98] et 96 [96, 98, 100] : rabattez 2 m., tr. à l'endroit jusqu'à la fin. À la fin du rang 96 [96, 98, 100], vous aurez 11 [14, 15, 16] mailles.
Rang 98 [98, 100, 102] et rangs pairs : tr. à l'endroit.
Une fois tricoté le dernier rang, rabattez toutes les mailles.

we are knitters

DÉMARRER L'OUVRAGE (SUITE)

DOS

Tricotez jusqu'au rang 80 comme pour le devant.

Tricotez les rangs 81 à 90 [90, 92, 94] en jersey envers.

Rangs 91 [91, 93, 95] – 106 [106, 110, 114] : continuez en point jersey envers, en formant l'encolure en deux fois comme indiqué ci-dessous.

Rang 91 [91, 93, 95] : tr. 22 [25, 26, 27] m. à l'envers, rabattez 12 [14, 18, 22] m., tr. la fin du rang à l'envers.

Gardez les 22 [25, 26, 27] premières m. en attente sur un arrête-mailles.

Rang 93 [93, 95, 97] : rabattez 3 m., tr. à l'envers jusqu'à la fin du rang. Vous aurez 19 [22, 23, 24] mailles.

Rangs 95 [95, 97, 99], 97 [97, 99, 101], 99 [99, 101, 103] et 101 [101, 103, 105] : rabattez 2 m., tr. à l'envers jusqu'à la fin du rang. À la fin du rang 101 [101, 103, 105] vous aurez 11 [14, 15, 16] mailles.

Rang 103 [103, 105, 107] et tous les rangs impairs : tr. à l'envers.

Une fois tricoté le dernier rang, rabattez les 11 [14, 15, 16] dernières mailles.

Transférez les 22 [25, 26, 27] mailles en attente sur une aiguille et tricotez les rangs 92 [92, 94, 96] à 106 [106, 110, 114] en jersey inversé selon les indications ci-dessous :

Rang 92 [92, 94, 96] : rabattez 3 m., tr. à l'endroit jusqu'à la fin. Vous aurez 19 [22, 23, 24] m. sur l'aiguille.

Rangs 94 [94, 96, 98], 96 [96, 98, 100], 98 [98, 100, 102] et 100 [100, 102, 104] : rabattez 2 m., tr. à l'endroit jusqu'à la fin. À la fin du rang 100 [100, 102, 104], vous aurez 11 [14, 15, 16] m. en tout.

Rang 102 [102, 104, 106] et rangs pairs : tr. à l'endroit.

Une fois tricoté le dernier rang, rabattez toutes les mailles.

FINITIONS

1.
Passez un fil de la laine utilisée pour votre projet dans une aiguille à laine et cousez une des épaules : superposez le devant et le dos envers contre envers, en alignant bien les épaules. Cousez ensemble les 11 [14, 15, 16] mailles d'une des épaules.

2.
Relevez 124 [124, 140, 156] mailles sur le pourtour de l'encolure (66 [66, 74, 82] sur le devant et 58 [58, 66, 74] sur le dos). Tricotez 1 rang à l'endroit. Rabattez toutes les mailles relevées.

3.
Cousez l'extrêmité de l'encolure et la seconde épaule.

4.
Réalisez la finition d'une première emmanchure : commencez à la première diminution d'un des côtés (en bas de l'emmanchure) puis remontez progressivement et redescendez de l'autre côté du débardeur. Relevez 3 mailles rabattues et 1 maille du rang, *relevez 2 mailles rabattues, puis 1 maille du rang suivant* ; répétez la séquence entre * et * 3 fois de plus. Relevez 1 maille dans le rang suivant. **Sautez 1 rang, relevez 4 mailles dans les 4 rangs suivants (1 m. par rang)** ; répétez la séquence entre ** et ** 9 [9, 11, 13] fois de plus. Sautez 1 rang, relevez 3 [3, 2, 0] mailles dans les 3 [3, 2, 0] rangs suivants (1 m. par rang), relevez 1 maille rabattue et 1 m. dans le rang suivant. Répétez la séquence entre * et * 4 fois, relevez 3 mailles à partir des dernières mailles rabattues. Vous aurez 77 [77, 84, 90] mailles en tout.
Tricotez 1 rang à l'endroit.
Rabattez toutes les mailles.
Répétez pour la seconde emmanchure.
Réalisez les coutures latérales et du bas des emmanchures avec un point en zigzag.

5.
Rentrez tous les fils en les tissant sous les mailles, sur l'envers, sur quelques centimètres. Coupez l'excédent.

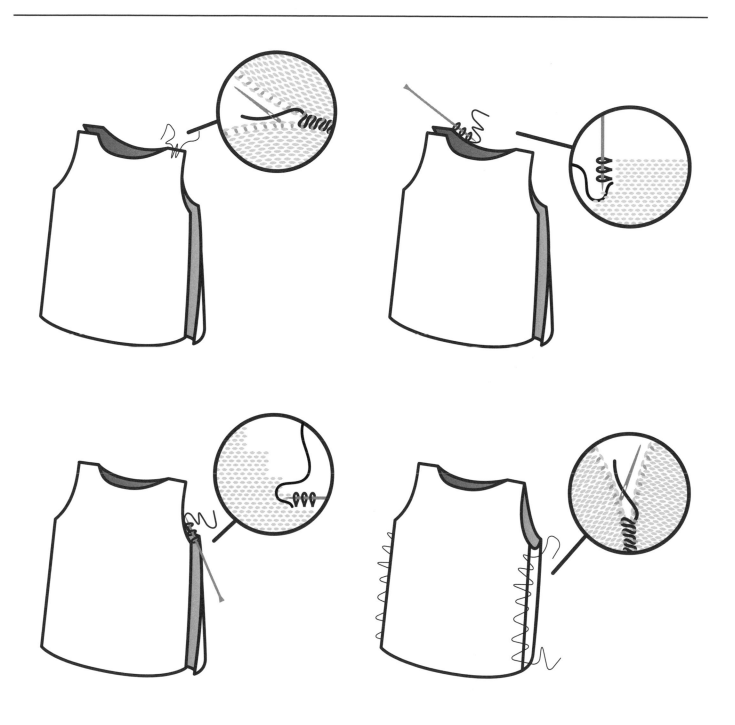

Top Lindy

NIVEAU
Intermédiaire

TAILLES
S [M, L, XL]

MESURES FINALES
84 [90, 100, 108] cm pour
le buste

FIL
Coton Pima we are knitters
[100 % coton Pima, 212 m,
100 g.] : 3 pelotes Saumon
clair

AIGUILLES
Aiguilles circulaires
(80 cm) de 5 mm (US 8)

Changez la taille d'aiguilles
si nécessaire pour ajuster
votre échantillon.

MERCERIE
Arrête-mailles
Aiguille à laine

ÉCHANTILLON
18 mailles et 23 rangs =
10 cm en point jersey
(voir page 36)

REMARQUE
On utilise ici l'aiguille
circulaire pour ajuster le
nombre de mailles sur
l'aiguille, pas pour tricoter
la pièce en une fois.

● *Mailles*
○ *Rangs*

SCHÉMAS

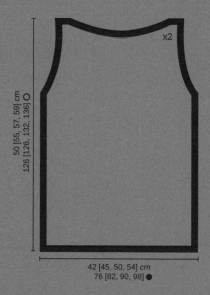

x2

50 [55, 57, 59] cm ○
126 [126, 132, 136] ○

42 [45, 50, 54] cm
76 [82, 90, 98] ●

TAILLE S

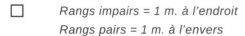

we are knitters

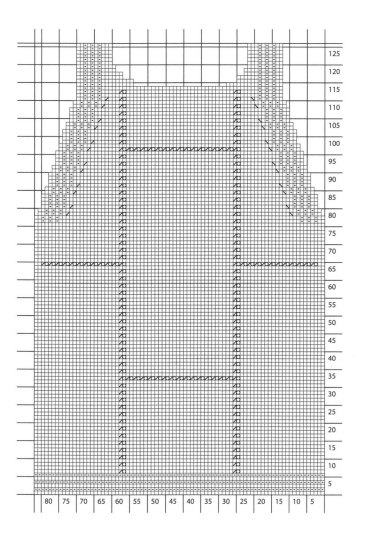

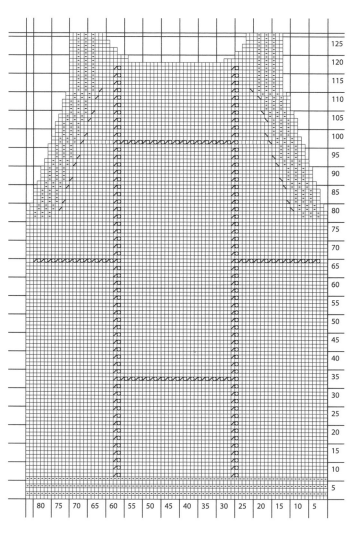

☐ *Rangs impairs = 1 m. à l'endroit*
Rangs pairs = 1 m. à l'envers

⊟ *Rangs impairs = 1 m. à l'envers*
Rangs pairs = 1 m. à l'endroit

O *Augmentation avec jeté*

╲ *Surjet simple*

╱ *Tricoter 2 m. ensemble*

Les modèles — Carthagène des Indes

TAILLE L

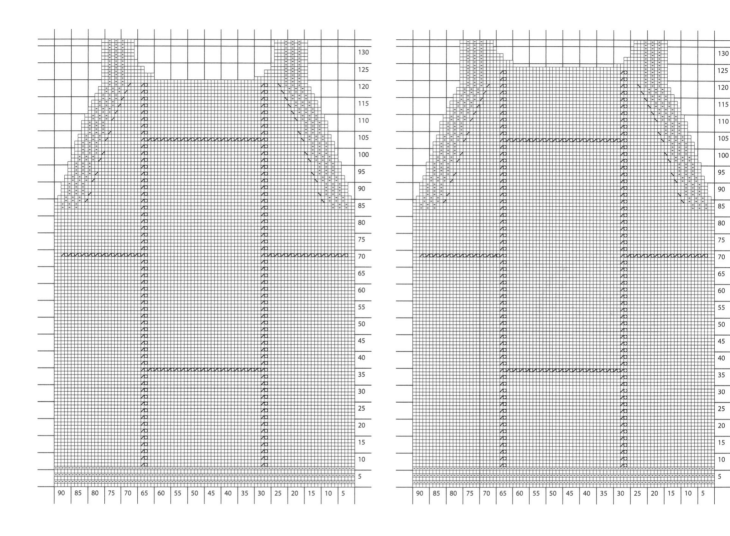

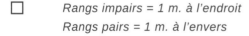 Rangs impairs = 1 m. à l'endroit
Rangs pairs = 1 m. à l'envers

Rangs impairs = 1 m. à l'envers
Rangs pairs = 1 m. à l'endroit

O   Augmentation avec jeté

\   Surjet simple

/   Tricoter 2 m. ensemble

we are knitters

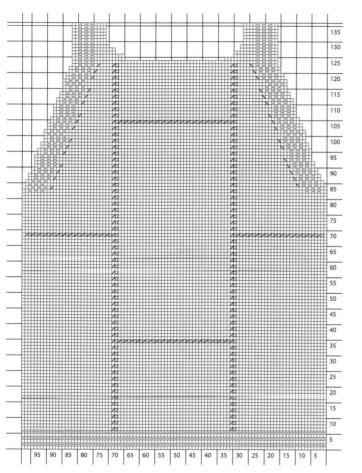
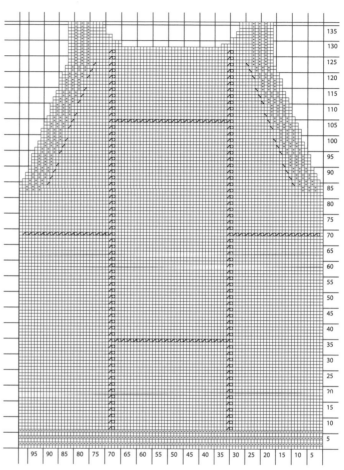

☐ *Rangs impairs = 1 m. à l'endroit*
Rangs pairs = 1 m. à l'envers

⊡ *Rangs impairs = 1 m. à l'envers*
Rangs pairs = 1 m. à l'endroit

○ *Augmentation avec jeté*

╲ *Surjet simple*

╱ *Tricoter 2 m. ensemble*

Les modèles — Carthagène des Indes

DÉMARRER L'OUVRAGE

DEVANT

Montez 76 [82, 90, 98] mailles.

Tricotez les rangs 1 à 6 au point mousse (voir page 35).

Rangs 7 – 114 [114, 120, 124]: tricotez selon la grille associée à la taille voulue.

Rang 115 [115, 121, 125]: tricotez 14 [16, 16, 17] m. comme elles se présentent, rabattez 24 [26, 30, 32] m., tr. le reste des mailles comme elles se présentent.

Placez les 14 [16, 16, 17] premières m. en attente sur un arrête-mailles.

Rang 116 [116, 122, 126] et tous les rangs pairs: tricotez les mailles comme elles se présentent.

Rang 117 [117, 123, 127]: rabattez 3 m., tr. 3 [5, 5, 6] m. à l'endroit, tr. le reste des mailles comme elles se présentent. Vous aurez 11 [13, 13, 14] m. en tout.

Rang 119 [119, 125, 129]: rabattez 2 m., tr. 1 [3, 3, 4] m. à l'endroit, tr. le reste des mailles comme elles se présentent. Vous aurez 9 [11, 11, 12] m. en tout.

Rang 121 [121, 127, 131]: rabattez 1 m., tr. 0 [2, 2, 3] m. à l'endroit, tr. le reste des mailles comme elles se présentent. Vous aurez 8 [10, 10, 11] m. en tout.

Rang 123 [123, 129, 133] et tous les rangs impairs restants: tr. 1 [3, 3, 4] m. à l'endroit, tr. le reste des mailles comme elles se présentent.

Une fois tricoté le dernier rang, rabattez les 8 [10, 10, 11] mailles.

Transférez les 14 [16, 16, 17] mailles en attente sur une aiguille.

Rang 116 [116, 122, 126]: rabattez 3 m., tr. 3 [5, 5, 6] m. à l'envers, tr. le reste des mailles comme elles se présentent. Vous aurez 11 [13, 13, 14] m. en tout.

Rang 117 [117, 123, 127] et tous les rangs impairs: tricotez les mailles comme elles se présentent.

Rang 118 [118, 124, 128]: rabattez 2 m., tr. 1 [3, 3, 4] à l'envers, tr. le reste des mailles comme elles se présentent. Vous aurez 9 [11, 11, 12] m. en tout.

Rang 120 [120, 126, 130]: rabattez 1 m., tr. 0 [2, 2, 3] m. à l'envers, tr. le reste des mailles comme elles se présentent. Vous aurez 8 [10, 10, 11] m. en tout.

Rang 122 [122, 128, 132] et tous les rangs pairs restants: tr. 1 [3, 3, 4] m. à l'envers, tr. le reste des mailles comme elles se présentent.

Une fois tricoté le dernier rang, rabattez toutes les mailles.

DOS

Montez et tricotez les 6 premiers rangs comme pour le devant.

Tricotez les rangs 7 à 118 [118, 124, 128] selon la grille associée à la taille voulue.

Rang 119 [119, 125, 129]: tricotez 14 [16, 16, 17] m. comme elles se présentent, rabattez 24 [26, 30, 32] m., tr. le reste des mailles comme elles se présentent.

Placez les 14 [16, 16, 17] premières m. en attente sur un arrête-mailles.

Rang 120 [120, 126, 130] et tous les rangs pairs: tricotez les mailles comme elles se présentent.

Rang 121 [121, 127, 131]: rabattez 3 m., tr. 3 [5, 5, 6] m. à l'endroit, tr. le reste des mailles comme elles se présentent. Vous aurez 11 [13, 13, 14] m. en tout.

Rang 123 [123, 129, 133]: rabattez 2 m., tr. 1 [3, 3, 4] m. à l'endroit, tr. le reste des mailles comme elles se présentent. Vous aurez 9 [11, 11, 12] m. en tout.

Rang 125 [125, 131, 135]: rabattez 1 m., tr. 0 [2, 2, 3] m. à l'endroit, tr. le reste des mailles comme elles se présentent. Vous aurez 8 [10, 10, 11] m. en tout. Une fois tricoté le dernier rang, rabattez les 8 [10, 10, 11] mailles.

Transférez les 14 [16, 16, 17] mailles en attente sur une aiguille.

Rang 120 [120, 126, 130]: : rabattez 3 m., tr. 3 [5, 5, 6] m. à l'envers, tr. le reste des mailles comme elles se présentent. Vous aurez 11 [13, 13, 14] m. en tout.

Rang 121 [121, 127, 131] et tous les rangs impairs : tricotez les mailles comme elles se présentent.
Rang 122 [122, 128, 132] : rabattez 2 m., tr. 1 [3, 3, 4] à l'envers, tr. le reste des mailles comme elles se présentent.
Vous aurez 9 [11, 11, 12] m. en tout.
Rang 124 [124, 130, 134] : rabattez 1 m., tr. 0 [2, 2, 3] m. à l'envers, tr. le reste des mailles comme elles se présentent.
Vous aurez 8 [10, 10, 11] m. en tout.
Rang 126 [126, 132, 136] : tr. 1 [3, 3, 4] m. à l'envers, tr. le reste des mailles comme elles se présentent.
Une fois tricoté le dernier rang, rabattez toutes les mailles.

FINITIONS

 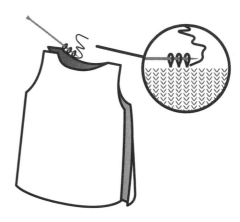

1.
Passez un fil de la laine utilisée pour votre projet dans une aiguille à laine et cousez une des épaules : superposez le devant et le dos envers contre envers, en alignant bien les épaules. Cousez ensemble les 8 [10, 10, 11] mailles de l'une des épaules.

2.
Relevez 100 [104, 112, 116] mailles sur le pourtour de l'encolure (54 [56, 60, 62] du devant et 46 [48, 52, 54] du dos) et tricotez-les à l'endroit. Rabattez toutes les mailles relevées.

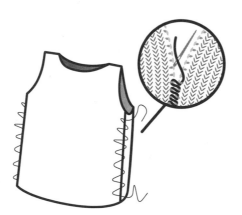

3.
Cousez l'extrémité de l'encolure et la seconde épaule.
Réalisez les coutures des côtés avec un point en zigzag.

4.
Rentrez tous les fils en les tissant sous les mailles, sur l'envers, sur quelques centimètres. Coupez l'excédent.

Mexico

OÙ TRICOTER?

Maque : située dans le charmant secteur de Condesa, cette ancienne cafétéria est un incontournable si vous allez un jour à Mexico. Ses *conchas*, de petites brioches en forme de coquillage, sont à tomber.

Parc Lincoln : magnifique parc au milieu du quartier chic de Polanco.

Parc de Chapultepec : c'est le plus grand parc de la ville. Il est très fréquenté et on y trouve à toute heure du jour des *food trucks* proposant des spécialités locales. Le parc comprend un grand lac ainsi qu'un château édifié au sommet d'une colline : de là-haut, la vue embrasse toute la ville. Parfait pour échapper un moment au tumulte de Mexico !

TEMPÉRATURES MAXIMALES MOYENNES

Printemps : 26,3 °C
Été : 24,1 °C
Automne : 22,8 °C
Hiver : 22,1 °C

SAISON DES PLUIES

Juillet et août

NOS PLATS PRÉFÉRÉS

Chilaquiles
Tacos
Frijoles

OPTIONS VEGGIE

Quesadillas
Nopales

Le *papel picado*, la broderie otomie, Frida Kahlo, les *calaveras*... Ces savoir-faire et artistes mexicains ne sont qu'une fraction de ceux qui ont influencé les créateurs, designers, et la mode en général partout dans le monde. Au Mexique plus qu'ailleurs, tout est question de couleur !

Ayant des proches installés dans ce pays, nous avons été exposés depuis des années à ces teintes hyper lumineuses, joyeuses et vibrantes. Sans parler de la façon de les associer ! Ce rapport à la couleur nous a *énormément* inspirés au moment de choisir les différents coloris pour nos fils. Nous n'aurons donc que deux mots : *¡Gracias México!*

La ville de Mexico offre une température très constante tout au long de l'année ; certains la surnomment d'ailleurs «la ville du printemps éternel». Durant la journée, le temps est ensoleillé et chaud, mais peut se rafraîchir considérablement à la nuit tombée. Alors, ne vous posez même pas la question de savoir s'il vous faut une petite laine dans une ville comme Mexico : la réponse est oui. En fait, par le passé, les habitants portaient des ponchos et des rebozos faits de coton, de laine ou de soie. Et bien que la plupart des Mexicains ne portent plus de ponchos aujourd'hui, les rebozos sont toujours largement utilisés par les femmes indigènes pour porter leurs bébés ou des charges lourdes dans leur dos.

Dans ce chapitre, vous trouverez deux patrons très simples : un *snood* et une couverture. Tous deux sont sublimés par des couleurs franches et lumineuses, comme on les réaliserait au Mexique. À vous de jouer, *amigos!*

155

Snood Downtown

NIVEAU
Débutant

MESURES FINALES
28 cm de large x 60 cm
de circonférence

FIL
Grosse laine we are
knitters [100 % laine
péruvienne, 80 m., 200 g.] :
1 pelote Aquamarine

AIGUILLES
Une paire d'aiguilles droites
de 15 mm (US 19)

Changez la taille d'aiguilles
si nécessaire pour ajuster
votre échantillon.

MERCERIE
Aiguille à laine

ÉCHANTILLON
6 mailles et 9 rangs =
10 cm en point de riz
(voir page 40)

● *Mailles*
○ *Rangs*

Les modèles — Mexico

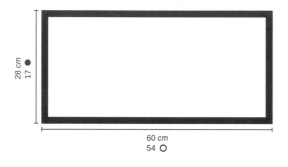

28 cm
17 ●

60 cm
54 ○

DÉMARRER L'OUVRAGE

Montez 17 mailles.
Rangs 1 – 54 : faites glisser 1 maille, *tricotez 1 m. à l'endroit, tricotez 1 m. à l'envers* ; répétez la séquence entre * et * jusqu'à la fin du rang pour tricoter en point de riz.
Rabattez toutes les mailles.

FINITIONS

Passez un fil de la laine utilisée pour votre projet dans une aiguille à laine et cousez les bords ensemble, l'endroit vers l'extérieur, avec un point en zigzag (piquez alternativement dans une maille de chaque bord du snood).
Rentrez tous les fils en les tissant sous les mailles, sur l'envers, sur quelques centimètres. Coupez l'excédent.

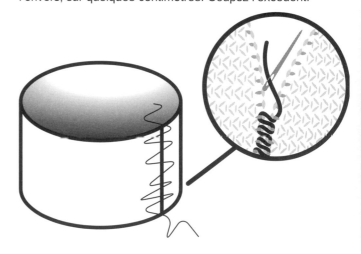

Les modèles — Mexico

Couverture n° 3

NIVEAU
Facile

MESURES FINALES
71 cm de large x 143 cm
de long

FIL
Laine fine we are knitters
[100 % laine péruvienne,
140 m., 100 g.] :
6 pelotes Naturel

AIGUILLES
Aiguilles circulaires
(80 cm) de 8 mm (US 11)

Changez la taille d'aiguilles
si nécessaire pour ajuster
votre échantillon.

MERCERIE
Aiguille à laine

ÉCHANTILLON
12 mailles et 20 rangs =
10 cm en point de riz
(voir page 40)

● *Mailles*
○ *Rangs*

SCHÉMAS

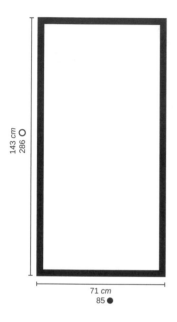

143 cm
286 O

71 cm
85 ●

DÉMARRER L'OUVRAGE

Montez 85 mailles.
Rangs 1 – 286 : *tricotez 1 m. à l'endroit, tricotez 1 m. à l'envers*; répétez la séquence entre * et * jusqu'à la fin du rang pour tricoter en point de riz.
Rabattez toutes les mailles.

FINITIONS

Rentrez tous les fils en les tissant sous les mailles, sur l'envers, sur quelques centimètres. Coupez l'excédent.

we are knitters

Les modèles — Mexico

Communauté

Quand nous avons commencé, malgré sa popularité, on parlait encore du tricot comme d'une occupation pour les mamies (même si nous n'avons rien contre les mamies!), pas pour les jeunes. Alors, quand nous avons cherché un nom pour notre entreprise, nous avons voulu que tous (jeunes et moins jeunes) se sentent représentés. C'est ainsi que le nom *we are knitters* — littéralement «nous sommes des tricoteurs» — est né.

Communauté

we are knitters

Au tout début de l'aventure WAK, les réseaux sociaux étaient en pleine expansion. Les gens utilisaient de plus en plus Facebook et Twitter, et Instagram commençait tout juste à gagner en popularité. Parce que nous utilisions assidûment ces plate-formes à titre personnel, il nous paraissait tout naturel que la marque WAK y soit également représentée. Une fois que ça a été le cas, nous avons été incroyablement surpris du plaisir que les tricoteurs avaient à partager leurs réalisations. *Vraiment*.

Nous pensons que si les gens ont une telle propension à partager, c'est parce que nous vivons au vingt-et-unième siècle, où tant de notre temps est passé face à des écrans : celui de l'ordinateur au travail, de notre téléphone dans la rue, de la télé à la maison... On n'écrit presque plus à la main ! C'est un peu comme si nous avions oublié comment nous servir de nos dix doigts pour fabriquer des choses. Pour contrebalancer cette évolution, partout les gens se mettent au tricot, à la cuisine, au tissage ou à la peinture. Quand on fait quelque chose soi-même de A à Z, on est fier du travail accompli et on aime partager cela avec les autres. Et donc, aussi paradoxal que cela puisse paraître, on se tourne vers les réseaux sociaux pour faire savoir au monde entier qu'on a fait quelque chose de ses mains. Symptomatique de notre temps, non ?

Dès que WAK a rejoint les réseaux sociaux, une mini communauté a commencé à grandir. Les tricoteurs.ses partageaient tout : la réception de leur colis (certains incluaient même le livreur dans leurs photos !), le déballage, et, bien sûr, les aiguilles, la laine et les patrons. Ils montraient comment ils avançaient dans leurs différents projets, et il y avait tellement de *hashtags* #OOTD (*outfit of the day,* ou « tenue du jour ») et #weareknitters que nous n'arrivions même plus à rester à jour !

Aujourd'hui, nous avons une gigantesque communauté sur tous les réseaux sociaux. Nous adorons partager les publications de nos fans pour montrer à tout un chacun que la création est à leur portée, à eux aussi. Ce livre ouvre une nouvelle voie pour rejoindre la communauté WAK aux côtés de super créateurs... comme vous ! #weareknitters

Ressources

we are knitters

Commencez avec un kit

Quand on pense à WAK, c'est à coup sûr une grosse pelote de laine bien épaisse dans une teinte flashy qui vient à l'esprit — et sans doute une paire d'aiguilles en bois, aussi. Par extension, c'est pareil pour nos kits.

Quand nous avons commencé à tricoter, nous nous sentions perdus : nous ne savions pas quel fil utiliser, quelle taille d'aiguilles choisir, si nous allions nous en sortir avec le patron que nous voulions réaliser, etc. Complètement perdus, on vous dit ! C'est alors que nous avons eu l'idée d'un kit qui contiendrait tout le matériel nécessaire à la réalisation d'un projet : le rêve pour des débutants !

Le principal avantage d'un kit est sa praticité. Il vous suffit de choisir un projet, votre couleur préférée et votre niveau, et vous recevez une belle boîte recyclable contenant absolument tout ce dont vous avez besoin pour votre projet. Ces kits comprennent également des patrons faciles à suivre, une petite aiguille à laine pour rentrer les fils, et une étiquette WAK. Tout le bonheur du tricot condensé dans un kit !

Encore plus de ressources

Sachez que WAK peut aussi vous procurer à l'unité toutes les fournitures dont vous avez besoin pour vos projets tricot : nous avons des pelotes de toutes les couleurs et des aiguilles de toutes les tailles. Nous alimentons aussi une chaîne YouTube avec des tonnes de tutoriels en vidéo pour présenter encore plus de techniques, expliquées selon le principe de pas-à-pas que nous avons utilisé dans ce livre.

Pour finir, pensez à toujours rechercher et soutenir en priorité les boutiques de tricot et de loisirs créatifs dans votre environnement proche pour les accessoires qui vous manquent. Nous formons une grande communauté de créateurs.rices : comme les petits ruisseaux font les grandes rivières, c'est le soutien de chacun qui fera la différence.
Et maintenant, à vos aiguilles !

À propos de we are knitters

Nous voudrions pouvoir vous raconter une histoire idyllique, dans laquelle nos grands-mères nous auraient appris à tricoter au coin du feu, mais en réalité, nous avons appris le tricot en regardant des tutoriels vidéo sur Internet. Et, peu à peu, nous avons commencé à aimer ça. OK, en vrai on a *adoré* ça ! On avait fait une écharpe ! Tous seuls ! Et elle était réussie ! Bon, d'accord, peut-être que toutes les mailles n'étaient pas *si* réussies que ça, et que la forme n'était pas *vraiment* régulière, mais dans l'ensemble, c'était pas mal du tout (en tout cas, à nos yeux).

Et c'était tellement gratifiant d'être capables de produire quelque chose de créatif tout en s'amusant! Alors nous avons continué, nous améliorant peu à peu, et nous avons regardé encore plus de tutoriels.

C'est à cette époque que nous est venue une idée : et si on rendait le tricot super cool? Nous nous sommes dit : «Si nous avons appris à tricoter sans avoir jamais touché à une paire d'aiguilles de notre vie, pourquoi d'autres personnes ne pourraient pas en faire de même? »

Nous avons mis en ligne notre site Internet à la fin de l'été 2011 sans savoir à quoi nous attendre. Est-ce que les gens allaient aimer notre concept de kits? Est-ce que notre laine était d'assez bonne qualité? Est-ce que nos couleurs allaient plaire? Est-ce que nos patrons étaient écrits comme il faut? Tellement de questions !

En grande partie grâce à l'explosion que connaissaient les réseaux sociaux à cette époque, nous avons pu toucher beaucoup de gens. Nos premiers clients (ou tricoteurs.ses) habitaient de grandes villes, comme Barcelone, Paris et Berlin, mais nous avons rapidement commencé à recevoir des commandes de villes plus petites, dont nous n'avions jamais entendu parler. Comment était-ce possible?

Nous ne voulons pas vous assommer de détails, mais à ce jour, we are knitters a déjà touché plus de 200 000 personnes dans le monde, des États-Unis à la France, de l'Allemagne à l'Australie, du Chili au Japon — et, franchement, de presque partout ailleurs.

Après toutes ces années, nous sommes fiers que notre marque soit restée fidèle à ses valeurs et à ses convictions premières, celles qui nous ont permis de séduire un si large public : le respect de notre environnement et l'amour du fait-main. Et qu'aujourd'hui encore, où que vous soyez, où que vous alliez, quel que soit votre projet, vous puissiez toujours trouver tout le bonheur dont vous avez besoin condensé dans un kit.

Les auteurs

we are knitters

Des présentations ? Avec plaisir ! Nous sommes Pepita Marín et Alberto Bravo, et nous avons fondé we are knitters en 2011. Nous nous sommes rencontrés en 2009 à Madrid, alors que nous travaillions tous les deux pour une société de conseil. Oui, vous avez bien lu : nos vies étaient bien loin de ce qu'elles sont aujourd'hui. Zéro créativité ! Dès notre rencontre, nous avons immédiatement sympathisé et nous nous sommes rendus compte que ces boulots n'étaient clairement pas faits pour nous. Nous avions tous les deux toujours voulu être des entrepreneurs et nous aimions la mode. L'idée de WAK est née lors d'un séjour à New York, l'année suivante... et voici où nous en sommes, quelques années plus tard !

Quand nous avons commencé, nous n'étions que tous les deux ; maintenant, il y a trente personnes qui travaillent au siège de l'entreprise (en effet, ça fait beaucoup de café servi chaque matin au bureau !). Différentes cultures et nationalités sont représentées chez nous, pour notre plus grand bonheur. Certains nous surnomment d'ailleurs « les Nations unies du tricot », et nous leur donnerions plutôt raison. Si vous traversez nos bureaux, vous entendrez parler anglais, espagnol, français, allemand, etc. C'est en partie ce qui fait que l'ensemble de notre site et de nos patrons est traduit dans plus de dix langues (et d'autres arrivent) !

Au tout début, nous ne lancions que deux collections par an. Sérieusement ? Mais pour qui on se prenait ? Pour Coco Chanel ? Maintenant, nous mettons en ligne de nouveaux patrons quasiment chaque semaine. Nous nous sommes rendus compte que nous, les créatifs, avions besoin de nouvelles idées en permanence, ou presque. Quand on arrive à la fin de son projet en cours, on commence déjà à penser au suivant. Il y a des collections pour tous les goûts : du tricot, du crochet, du petit point, des modèles regroupés par thèmes ou par types de points, etc. Notre boutique en ligne propose actuellement plus de cinq cents kits différents. Ça fait *beaucoup* de mailles à tricoter, si vous voulez notre avis... Mais si c'était à refaire, on n'en changerait pas un fil !

Remerciements

Nous aimerions profiter de ce livre pour remercier toutes celles et tous ceux qui nous ont aidés depuis le début. Vous êtes nombreux, donc nous ne pourrons pas citer tout le monde (et nous voulons être sûrs de n'oublier personne), mais nous sommes certains que vous vous reconnaîtrez! En premier lieu, nos familles, qui nous ont toujours soutenus contre vents et marées. Votre confiance a été essentielle au tout début, quand personne ne croyait à notre concept: sans vous, rien n'aurait été pareil.

Merci ensuite à nos amis! À ceux qui nous ont accompagnés sur des salons professionnels, ont assemblé (beaucoup) de kits au tout début, ont posé pour nos *shootings*, et ont même tricoté pour nous: vous êtes un véritable trésor!

À toute l'équipe de we are knitters: VOUS ASSUREZ!! Nous savons la chance que nous avons d'être entourés d'autant de personnes de talent. Si WAK est ce qu'elle est aujourd'hui, c'est grâce à vous, à votre passion et à votre travail acharné. Vous tous. Nous tenons notamment à remercier Raquel Porter, Monica Ceballos, Lorena Fernández, Ana de Luis, Erika Beltrán, Victor Seco, Chloé Ricaud et Francesca Maiorino. Ce sont votre créativité et votre regard qui sont dans ces pages.

Aux amis, nouveaux ou anciens, que nous avons mobilisés pour les *shootings* de ce livre: merci d'avoir été si patients et de nous avoir accordé généreusement de votre temps alors que vous étiez en vacances, en particulier Virginia Sánchez, Paula Alonso, Aston Albiach, Iván Ovejero, Blanca Bravo, Udayan Mazumbar, Mariana Tello, Israel Alvarez, Miriam Martín, Paula Tébar, Jewel Washington et Mindy Diaz. :)

À notre éditrice, Meredith Clark, qui nous a encouragés et soutenus tout au long de ce projet de livre: merci de nous avoir laissé donner vie à ce que nous avions en tête et de nous avoir fait

we are knitters

bénéficier de ton experience. Ce livre est aussi le tien !

Pour finir, à tous les tricoteurs.ses du monde : vous êtes géniaux ! Nous vous serons reconnaissants de votre soutien jusqu'à la fin des temps.
Et n'oubliez jamais que ce sont les créatifs qui font que le monde tourne rond (une maille à la fois) !

TITRE ORIGINAL
We are Knitters — Knitspiration to take anywhere and everywhere

ÉDITEUR
Meredith A. Clark

GRAPHISTE
Sebit Min

DIRECTION ÉDITORIALE
Rebecca Westall

Texte et photographies, copyright © 2019 We Are Knitters

Couverture © 2019 Abrams
Publié en 2019 par Abrams, une impression Abrams.

Abrams® est une marque déposée de Harry N. Abrams, Inc.

195 Broadway
New York, NY 10007, États-Unis
abramsbooks.com

ABRAMS
The Art of Books

Pour l'édition française

© 2020, Hachette Livre (Hachette Pratique) 58, rue Jean Bleuzen - 92 178 VANVES CEDEX

Tous droits de traduction, d'adaptation et de reproduction, totale ou partielle, pour quelque usage, par quelque moyen que ce soit, réservés pour tous pays.

DIRECTION HACHETTE PRATIQUE
Catherine Saunier-Talec

RESPONSABLE D'ÉDITION
Lisa Grall

RESPONSABLE DE PROJET
Jeanne Mauboussin

TRADUCTION ET MISE EN PAGE
Lucile Orliac

FABRICATION
Amélie Latsch

Dépôt légal : septembre 2020
10-7750-1/01
ISBN : 978-2-01-945406-7